軍艦発機丸と
加賀藩の俊傑たち

徳田寿秋

はじめに

今年三月十四日は、金沢、東京間を最短二時間二八分で結ぶ北陸新幹線が金沢開業した記念すべき日である。この日からさかのぼること一五二年前の文久三年（一八六三）三月十七日（太陽暦五月四日）も金沢城下とその近辺の多くの人々が錦絵でしか見たことのなかった珍しい乗物を初めて間近で見た記念すべき日であった。

珍しい乗物とは、黒煙をたなびかせ蒸気機関を備えた汽走帆船で、加賀藩が初めて軍艦として所有した鉄鋼製の黒船である。前年の暮に大金をはたいて横浜でイギリスから買い入れ、発《はっ》機《き》丸《まる》と名づけられたこの船は、当時の「五ッ半時」、すなわち現在の午前九時過ぎに、佐野鼎《かなえ》や浅津富之助らの藩士によって国許に廻航され、当時は宮腰《みやのこし》と呼ばれていた現在の金石《かないわ》沖に錨《いかり》を下ろした。

北陸新幹線の最速列車は「かがやき」と命名されたが、質、量ともに新幹線とは遥かに及ばない乗物とは言え、黒船などは錦絵でしか見たことがなく、帆かけ船しか知らなかったこの地域の多くの人々にとって、軍艦としてこの汽走帆船を藩が手にいれたことは、快事であり、発機丸と名づけられこの船はまさしく幕末から近代へ社会が変化する時期のこの地域における象徴的な存在であり、「かがやき」であったとも言える。

この発機丸を皮切りに加賀藩は、他の諸藩と比べて圧倒的に長い海岸線を有することから、その海岸防備などに対応するため、明治四年（一八七一）の廃藩置県に至るまでに李百里丸《りひゃくりまる》・有明丸《ありあけまる》・錫懐丸《しゃっかいまる》（発機丸を改造）・駿相丸《しゅんそうまる》・起業丸《きぎょうまる》・猶龍丸《ゆうりゅうまる》を保有し、俗に言う梅鉢海軍の体制を整えるが、「たかだか六艘《そう》の軍艦で梅鉢海軍とは大袈裟《おおげさ》な」とか、発機丸の購入の直接の動機が将軍の海路上洛の供奉《ぐぶ》のためであり、海岸防備を主眼としたもので無かったとか、故障が多かった発機丸はイギリスで用捨てにされた中古船であったとか、あるいは発機丸の故障は乗組員の未熟さから誘発されたなど、様々な観点からあまり芳しい評価を与えない論者も少なくない。

確かに、それらの評価は全く見当違いとは言えないが、私は今ほど気象情報も手に入らない時代に、中古船を未熟ながらも懸命に操つり、時には大荒れの大海原に乗り出した郷土の先人の意気込みと進取の気概に敬意を抱く。拙書では梅鉢海軍の原点となった軍艦発機丸の軌跡とそれに乗込み、そこで培った不屈の精神をもとに、その後、発機丸での体験を生かしながら、幕末維新期に大きく雄飛した加賀サムライの生きざまを紹介したい。

平成二十七年五月

著者

軍艦発機丸と加賀藩の俊傑たち　目次

二　乗船者群像　発機丸から雄飛した俊傑たち

三　付　録

一　軍艦発機丸の軌跡

加賀藩最初の洋式汽走帆船

発機丸航海略図
－将軍上洛供奉のための
出港から供奉完遂までの航路－
文久3年12·2（西暦1864·1·10）～
元治元年5·20（西暦1864·6·23）
箱館（函館）
尻屋崎
男鹿半島
船川
鍬ヶ崎
牡鹿半島
小淵
粟島
佐渡島
所口（七尾）
伏木
宮腰（金石）
品川
横須賀
遠州
横須賀
兵庫
天保山
下田
伊豆大島
的屋
浦上
大島

宮腰沖に姿を見せた黒船の正体

文久三年（一八六三）三月十七日、五ッ半時と言うから、現在でいえば午前九時過ぎに宮腰《みやのこし》（金石《かないわ》）沖に黒船が現れた(1)。加賀藩が前年の暮に横浜でイギリスから六万五千両で買い入れ、発機丸《はっきまる》と名づけた軍艦である。この年の正月八日に佐野鼎《かなえ》、関沢孝三郎ら数人の藩士が横浜に出向いて受け取り(2)、国許《くにもと》に廻航されたというわけだ。

五年前に建造され、原名をシティー・オブ・ハンカウ（CITY OF HANKOW）と名乗っていた発機丸は、鉄製の汽走帆船で、幅二四尺（約七・二メートル）、長さ一六二尺（約四八・六メートル）、出力七五馬力、排水量二五〇トンであった(3)。原名は、「漢口市《ハンコウ》」のことであり、もとは中国の長江（揚子江）などの大河で使用することを主目的に建造された船であったとの説(4)もあり、もとは砲も備えておらず、今日の感覚では軍艦とは呼びがたいものであった。しかし、航海中には他の艦との間で祝砲を交わし、また「東照宮御忌日」には、二一発の祝砲を放ったという記録(5)もあるから、その後、いくらかの砲の備えも取りつけられたと思われる。現在から見ればさして大船とはいえないが、当時としては堂々たる軍艦であった。

ちなみに万延元年の遣米使節の随行艦として太平洋を横断した咸臨丸は、幅二四フィート、長さ一六三フィートとする記録や、幅二五尺三寸（約七・六メートル）、長さ一五七尺九寸（約四七・四メートル）、出力一〇〇馬力、排水量については六二五トンであったから外見の大きさはほぼ同じものの、出力においては発機丸の方がやや小ぶりであった。咸臨丸の排水量についいては二五〇トンから八〇〇トンまで諸説があるが、発機丸の排水量を含め、当時自称されていた排水量が正確なものであったと言えるか疑問があるように思われる。両者の決定的な違いは、発機丸が鉄鋼船であったのに対して咸臨丸が木造船であった点であり、宮腰につめかけた多くの見物人には、煙を吐き出す黒船は物珍しかったに違いない。

横浜から国許へ発機丸を廻航するために同艦に乗り込んだ主要な人々は、同艦を受け取るためと立合人として派遣された九人の内、陸路で帰藩した受取人の津田権五郎ら三人と立会人の稲垣爵の四人を除く、佐野鼎《かなえ》、関沢孝三郎ら五人のほか、江戸の軍艦操錬所に入学して間もないものの機関方（蒸気方）として加わった浅津富之助、江戸の村田蔵六《ぞうろく》（大村益次郎）の鳩居堂《きゅうきょどう》で学び、修学を一先ず終えて帰藩するために乗り込んだ嵯峨寿安《さがじゅあん》などであった（6）。

発機丸が出港した正確な日時や、国許の宮腰までの航海ルートは詳らかではない。一般的には、相模灘、伊豆沖、遠州灘を経て、紀伊半島を迂回して瀬戸内に入り、関門海峡から日本海に出て東に進路を取ったか、逆に太平洋岸の東北沿岸を北上し津軽海峡から日本海側に出て南下したものかのいずれかであろう。この時乗船していた嵯峨寿安は、この航海の途中で立ち寄った箱館がすでに安政二年（一八五五）の開港以来、条約国の領事や商人の渡来を促し、西洋文化が流入しており、中でも文久元年（一八六一）にロシア正教会の箱館領事館付きの司祭ニコライが布教活動を展開するなどロシア文化の一端に触れたことで後年、ロシアに強い関心を抱くようになったとも考えられる。この説が正しければ、津軽海峡経由の航路であったことになるが、さて、どうであったろうか。なお、箱館は、正確には、明治元年（一八六八）九月以降は函館と記すべきであるが、本書では、わずらわしさを避け、箱館に統一して記述することとする。

それはさておき、発機丸の宮腰渡来のこの日は現在の太陽暦では五月四日に当たるが、風雨の強い日であったか、それとも五月晴れながら強風の日であったのか、いずれにしろこの日は、とにかく生憎の高波であった。頭分《かしらぶん》以上の見物が許されたので、藩士の成瀬正居《まさすえ》も「七ツ時過ぎ（午後四時ころ）に見物に出かけたところ、海防方御用の職にあった藩の老臣本多政均《まさちか》の姿も見えたが、発機丸は波が高いために沖合八丁（約八七〇メートル）ばかりに錨《いかり》をおろしており、近くの丘の上から見るばかりで、波がおさまらず、夕方に七尾軍艦所方面に向け出帆したので、夜になって屋敷に帰った」(7)と記録しているから、風と波がおさまり、発機丸が接岸するか、出来なければせめて近くまで来ることを見物に訪れた人々は辛抱強く待っていたのであろう。

発機丸が「白地剣梅輪内紺」の船印も鮮やかに再び宮腰に雄姿を見せたのは、海が凪いだ十九日であった。間の十八日には、多少天候は回復したのであろう、時の十三代藩主斉泰《なりやす》と世《せい》嗣《し》の慶寧《よしやす》がそろって昼九ッ時（正午）に出発、宮腰へ行歩《こうふ》したが、海の方は波荒く発機丸は不在であった。おそらく当初は十七日に宮腰に入津し、十八日まで停泊し、この日に行歩で訪れた御両殿に発機丸がお披露目される予定であったと考えられる。十九、二十日の発機丸の宮腰入津に際しては、金沢から数万の人々が見学に訪れたとの記録がある⑻。見学者数万の記述は多少大袈裟な気もするが、多くの人々の関心を集めたことは間違いなかろう。

十八日の行歩で視察が出来なかった御両殿が、発機丸をつぶさに視察したのは、二カ月ばかり後の五月二十一日であった。五月二十日に行われた越中高岡の瑞龍寺《ずいりゅうじ》での二代藩主利長《としなが》の二五〇回忌法会執行後に、二人は伏木《ふしき》港に赴いて発機丸に乗り込み、船中をくまなく視察した。発機丸を購入した頃の藩士の書簡には、当初、発機丸はこの伏木港を母港とし、所口《ところのくち》（七尾）には、後に二・三艦の洋式軍艦を買い入れ配備する予定との記述が見える⑼から、訓練などは波の静かな七尾湾で実施したものの、当初の母港は伏木であり、藩主らは、母港に停泊中の発機丸を訪れたのであった。

加賀藩の軍艦事始めと黒船への関心

発機丸の活躍を語る前に、加賀藩が最初の軍艦発機丸を買い入れるまでにどのような道のりがあったかを語っておきたい。嘉永六年（一八五三）のペリー来航のニュースは瞬く間に全国に広がった。人々の関心は鉄で造られた黒船が蒸気で走るという軍艦に向けられた。そのような黒船の脅威から海岸を守るためにはその原理を知り、出来れば早々に黒船を保有することが必要であると考えるのは自然であった。

加賀藩も藩主をはじめ藩政をリードする立場にあった人たちは、軍艦に強い関心を持ち、ペリー浦賀来航の翌年、すなわち安政元年（一八五四）閏七月八日、かねて江戸の懸津屋権七に製作を依頼していた軍艦の模型が国許に届いた(10)ので年寄職の重臣らがそれを観覧し(11)、また、同年八月一日には、諸士らの多くがこれを拝見したいと願ったために、その日に出仕した徒歩並《かちなみ》以上の諸士に拝観を許すなどした(12)。

間もなく、同年九月二十九日、幕府は武家諸法度を改定し、長い間守られてきた大船製造を禁じてきたことを見直し、海防の必要から大船製造を届け出制により許可することとし、自らも西洋式の軍艦建造や買い入れについて積極的な姿勢を取り、翌年の安政二年八月二十五日にオランダから軍艦スーンビング号（後観光丸）の贈呈を受け、長崎に海軍伝授所を開設、十月二十四日から始業を開始し、勝海舟、榎本武揚《たけあき》、五代友厚《ともあつ》などがオランダの海軍士官から諸技術を学んだ。

幕府が長崎に海軍伝授所を設けた三カ月余り前の安政二年（一八五五）五月八日、加賀藩主斉泰は有沢沢右衛門ら十数名を派遣し、品川沖に停泊中の薩摩藩の軍艦昇平丸を見学させた

(13)。この本格的西洋型軍艦は、薩摩藩が、大船建造禁止令を幕府が解く以前の嘉永六年(一八五三)五月二十九日に起工し、安政元年十二月にようやく完成した三本マスト、三〇〇トンの軍艦ではあるが蒸気船ではなかった。翌年の安政二年三月に江戸に廻航され、八月に幕府に献納されて昌平丸となったが、もとの船名は昇平丸であった。

見学した加賀藩の藩士たちは、大砲や帆の動かし方、弾丸の保管法などをはじめ船内をつぶさに見学し、その様子を記録するとともに、品川沖での小船から見た大川端の風景、厳重な海岸防備の様子、他藩の蒸気船などを見て、驚くとともに強い関心を抱いた。しかし、軍艦は建造するにも、買い入れるにしても莫大な費用を必要とし、また、保有したとしても航海術や蒸気機関に関する運用の知識は一朝一夕には修得できるものでないことから、軍艦を保有するなどは藩の政策としては現実味のない話とされていた。

加賀藩の中で軍艦の必要性を説く者があらわれたのは、安政四年(一八五七)八月のことで、岡田助右衛門が建造の急務なることを建議した(14)。彼は異国船が頻繁に沖合に姿を現すことになった現実を踏まえ、海防を如何になすべきかを箇条書きで縷々述べているが、その一項で、「軍艦製造は、富国強兵の最も大事なことで、薩摩藩は勿論のこと、仙台藩でも十六艘も製造しているそうだ。小藩では、越前の大野藩でも製造している模様である」と多少誇張を交えて他藩の動静を伝えた後、前々から軍艦の必要性を述べてきたが、諸士の困窮や困窮した庶民の撫育が重要であるとして、うやむやにされ先延ばしにされていることを批判し、「恐れながら軍艦を建造することはすなわち領民を御撫育することにもなるわけで、海運の利は昔から変わるものではない」と述べ、江戸屋敷への諸品の運送も軍艦で事足りるなど様々な利点を列挙し、異変の節にも「一艘の軍艦陸地数万人の疲弊奔走に代わる」と述べた。

このように助右衛門は、軍艦は平穏な時代にも異変が起こりそうな乱世においても必要な備えであると考えるものの、「一艘でも巨万の費用が必要なことから、時勢の流れに疎い人たちは、将来も見通すことが出来ず、軍艦製造と聞いただけで驚き恐れ、実行することが前進しない」と嘆き、大藩のこと故、二艘や三艘の軍艦の費用はいかようにもなることで、今の藩の諸役所の詮議方では、前進しない。もし、軍艦に関する詮議をするならば、藩のありように心を用い、未来の展望を洞察でき、経済に明るい人物を推挙して御委任しなければ推進できないと述べ、軍艦製造は海防のために詮議すべき重要課題であるとした。

このような先進的な意見はあったものの、加賀藩の軍艦製造や買い入れの話は遅々として進まなかった。ようやく文久二年（一八六二）二月、七尾湾に面する万行《まんぎょう》・矢田の二村にまたがる二万坪の敷地に七尾軍艦所を設け、所有する軍艦の停泊地、修理所とし、それに必要な物品の収蔵庫などを建設した(15)。この年の六月、年内に行われると思われる将軍の上洛に合わせて、諸大名にも軍艦の提供が求められるかも知れないとのことから、藩主斉泰は軍艦保有に関して審議するように命じた(16)。

このようなことから軍艦保有や海軍の強化について家臣たちの間で、その必要性が論じられるようになったと見え、翌月の七月に豊島安三郎が士風振起に関して建議した中で海岸防備について述べた箇所で次のような意見を披歴している(17)。すなわち、「海辺の漁師船頭の達者な者をいつくしんで軍艦操縦の助けとなるようにすべきであるが、大きな蒸気船と言うことになれば、航海の術に慣れた者でなければ扱うことは難しいので、諸士の子弟を選抜して江戸ないしは長崎に派遣して操練の術を修得させるべきである」と。

万延元年(一八六〇)六月、幕府は諸藩に対して、江戸軍艦操練所への入学を勧める「軍艦操練所緒家家来入学免許」を令していたが、加賀藩では二年後の文久二年九月十三日、ようやく、壮猶館で学ぶものなどを対象に江戸の軍艦操練所に入り、測量・算術・造船・蒸気機関・船具運用・帆前調練など軍艦に関する実地研究をすることを志願する者を募った(18)。この江戸の軍艦操練所というのは、長崎の海軍伝授所を江戸に移すことが検討され、安政四年三月に伝習を終えた学生を乗せて観光丸を江戸に廻航し、築地講武所で操錬が始められたのであり、これを起源とし、最初は軍艦教授所とか軍艦操錬教授所とも言った。

加賀藩で軍艦操練所への入学を志願し学んだ者は四〇人であったと『加賀藩艦船小史』などに記すが、入学許可された者は「本藩雑記」には二四人、そのうち岡田雄次郎ら四,五人は何らかの事情で参加しておらず、関沢孝三郎の兄であった安太郎ら二十人前後が入学したと言われる(19)。一方、国許の金沢においても、文久三年（一八六三）二月から壮猶館で測量学や航海学を教育することとし、藩は稽古志願者を募り、修学を勧めた(20)。佐野鼎や、関沢孝三郎、浅津富之助らに率いられた発機丸が宮腰に姿を現す一カ月ほど前の話である。

当初は鹿田文平《しかたぶんぺい》、柴木昌平など優秀な人材が指導していたとはいうものの、おそらく十分とは言えない状況であった。しかし、発機丸が国許に到着してからは、彼らに加えて佐野鼎や、関沢孝三郎、浅津富之助らも指導に当たり、長州出身の戸倉豊之進（祐之）も招かれ、教授陣は強化された。

戸倉は佐野と同じように長崎海軍伝授所の最初の伝授に参加した経歴を持ち、高島秋帆、手塚律蔵、村田蔵六（大村益次郎）にも学んだという逸材であったが、過激な尊王攘夷派から付け狙われたために金沢に来たという。おそらく多くの加賀藩士が入塾した村田の鳩居堂で面識のあった浅津の世話での招聘であったのではなかろうか。

発機丸が国許に到着し、伏木や所口を拠点に、どのような訓練や航海をしたかは明確ではない。この壮猶館で航海学生棟取を命じられ岡田雄次郎の行状記(21)には文久三年（一八六三）八月に発機丸に乗り込み箱館まで航行して翌月に七尾軍艦所に帰ったと記してあることや鹿田文平などをはじめとして、幾人かの藩士の経歴の中に、同時期に箱館や佐渡へ発機丸で航海したとの記述があることから推測して、横浜から国許へ発機丸を廻航した御軍艦乗込船将次官測量方等棟取という立場にあった佐野鼎や関沢、浅津らと藩が雇用した水夫あたりを中心に、それまでにいくらかの航海術を学んできた岡田などのような者たちが訓練と運送を兼ねた航海を繰り返しつつ、将軍上洛の供奉《ぐぶ》を命じられた時の適切な対応が可能であるよう力量を磨いていたものと思われる。

乗組員が決定し冬の荒海へ乗り出す

さて、文久三年（一八六三）、第十四代将軍徳川家茂《いえもち》は、この年の二月の上洛に続いて、再び上洛することとするが、その際の海路での上洛において、想定していたとおり加賀藩に供奉《ぐぶ》することを命じてきた(22)。同年十一月六日、幕府から呼び出され出向いた加賀藩の聞番《ききばん》土師《はじ》栄太郎は、乗組員を含め加賀藩が所持する蒸気船一艘をしばらくの間借り上げたいので、早急に品川沖へ回送するよう、また、詳細については当時軍艦奉行並の地位にあり幕府海軍の実力者であった勝麟太郎（海舟）と打ち合わせるよう命じられた(23)。

土師が即刻、勝麟太郎を訪ねたところ、幕府の今回の軍艦調達は、加賀藩のみならず保有する諸藩すべてに依頼したものであること、もし軍艦が故障していても幕府が修復するので提供を依頼していること、大坂沖着船までの石炭をはじめとする諸経費は藩が負担すること、着船以降の全ての経費は幕府が責任を持つことなどを告げられた。その際に土師は、この件について早急に藩に報告するが、軍艦の操練技術に熟練した者が少ないことを危惧する考えを述べたが、勝から幕府においても操練技術に長けた者が多くいるわけではないが、出来ればいずれそのような熟練の者を派遣することができるかもしれないので技量の実状を問わず十二月初旬までに品川沖への廻漕するよう求められた。

聞番からこのような報告を受けた藩では、乗組員のメンバーの人選を進める一方、十一月二十四日には、城から所口の発機丸に諸経費として二千両を積み込ませ、出発の時を待った。そして、文久三年十二月二日（太陽暦一八六四年一月十日）、の七ッ時（午後四時頃）発機丸は七尾の港から荒れることの多い真冬の日本海をひとまず箱館（函館）を目指して乗り出した。おそらく体が頑強で、長い航海にも耐えられることと、汽走帆船の操練技術に関する技量をある程度身につけていることが乗組員としての条件であったと思われる。この条件を満たしている人物として選ばれ任命された乗組員の顔ぶれは次のような人たちであった。

艦将は岡田雄次郎（天保六年十二月生まれ、満二七歳）、安井和介（天保元年六月生まれ、満三三歳）、運用方棟取は関沢孝三郎（天保十四年二月生まれ、満二十歳）、のほか三名、機関方（蒸気方）棟取は浅津富之助（天保九年六月生まれ、満二五歳）ほか三名が中心であった。そのほかには医師として田中発次郎（天保八年十一月生まれ、満二六歳）、棟取のもとで働く士官たちの中には照準方として、関沢孝三郎の兄安太郎と近藤岩五郎、機関方（蒸気方）には沢田直温《なおはる》（覚之助）などの顔が見えた。選ばれたこれらの人々は、当時の藩内では乗組員としての条件を満たす最善の人選であったと思われる。これらの人たちを中心に藩の操艦乗員は合計二六人、そのほか、藩が雇った水夫頭や蒸気頭など四二人、総計六八人の陣容であった。

岡田や安井は、汽走帆船に関する操艦技術は修得してはいたが、それは卓越したものであったと言い難い。おそらく、運用方棟取に任命された関沢孝三郎や機関方（蒸気方）棟取に任命された浅津富之助らの方が、高い技量を備えていたと思われる。しかし、艦将という責任ある地位には、ある程度の家柄が求められる当時の社会においては、禄五〇〇石の岡田と同二五〇石の安井が艦将としては適任とされたのであろう。なお、岡田と安井の関係は、安井の方が年《とし》嵩《かさ》ではあったが、俸禄による家格では岡田が上位にあったから、岡田が上席で、両者とも艦将とされたものの、正確には岡田が艦将、安井が副艦将、ないしは、太平洋を横断した際の咸臨丸の木村喜毅《よしたけ》提督、勝海舟艦将の例に倣えば、岡田が提督、安井が艦将といったところと思える。

この航海については、勝と面談した聞番の土師のように、操艦を手際よく果たせるだろうかと操艦技量を心配し、操艦に手馴れた者がいないことを危惧するような人々も多かったと思われるが、当の本人たちはいたって自信満々で意気軒高であった。それは彼らの残した航海記などの記述に見える航海中にしばしば遭遇した危機に対し、きわめて冷静に対応していることからもうかがえる。

発機丸の航海については、艦将の安井和介が元治元年三月までの、航行・里数・方位・風方・晴雨・寒暖、蒸気などを詳細に記録した「発機丸航海日記」(24)（原題は「航海日記」）を残しており、また、慶応元年（一八六五）六月までの発機丸の航行記録を所収する井上如苞旧蔵の「跡戻り記」と称する史料も現存する。そのほか、この「跡戻り記」をおそらくは底本にして要約したと思われる蒸気方士官の沢田直温が保有していたとされる「発機丸航海大略并諸港見聞」を内題とする「発機丸航海記」(25)もある。この三つの史料は、いずれも金沢市立玉川図書館の近世史料館が蔵する加越能文庫に所蔵されている。また、同文庫の「奥村栄通手記」には、発機丸が品川に到着後、艦将の岡田と安井が連名で当時の軍艦奉行小幡和平らに宛てた航海の状況報告(26)などもあり、それらから品川到着までの航海の様子を知ることができる。

さて、これらの史料の内、時刻と方位については、「発機丸航海日記」は、航海術を西欧から学んだことによって、現在我々が日常使用していると同様の標記をしているが、他の史料は当然のことながら、近代前に一般的であった十二支による時刻法・方位で表記している。時刻・方位については、「発機丸航海日記」に従って記述していくことにする。

出港した二日は、冬にしては風向きや風力にも恵まれ、発機丸はマストへの順風と快調な蒸気エンジンの推力に身を任せるかのように順調な航海を続け、翌日三日の午前八時には佐渡島付近を通過、十二時十七分には、越後岩船郡脇川から二〇キロばかり沖の粟島の西を過ぎ、十四時三十分には鳥海山を真東にのぞむことが出来る海上を順調に航海していたが、その後、夜になって風が強くなり、四日の深夜二時を過ぎた頃から猛烈な西風と高波に襲われ、動揺烈しく、食器類は転がり破砕、おまけに帆は裂け、蒸気機関も損傷する始末となった。

そのため一時は、出羽（秋田県）の男鹿《おが》半島の先端入道崎《にゅうどうさき》沖あたりまで北上したものの、これ以降修理した帆走のみで航海しては期日までの品川着は困難で、機関の修復を優先すべきとの浅津ら機関方（蒸気方）の考えから、少しばかり後戻りをしてもそれが可能と考えられる半島の南の付け根あたりの船川港に、十五時四十分に入津し錨をおろした。

裂けた帆や帆を引きとめる扣木《ひかえぎ》などの修理材が手に入れば修復出来る破損個所については、適切な木材を買い入れ水夫頭の指示のもとで手際よく問題は解決されたものの、蒸気機械の螺子《ねじ》（ボルト）の破損修復は簡単ではなかった。というのは、この港には鍛冶屋はあるものの、精巧な螺子を作るような細工道具を持っていなかったために、仕事ははかばかしく進まず、その状況を御雇船員の鍛冶方から聞いた艦将の安井は鍛冶屋が自分たちの依頼した仕事に集中するよう常に急《せ》かし、また、蒸気方棟取の浅津に鍛冶屋の仕事ぶりを見回るように指示して一日も早い完成を急がせた。このように仕事を急がせたものの、螺子完成を待って船川港には十日停泊せざるをえなかった。

螺子の完成は十四日の昼頃であった。修理を終え、十四時四十五分にボイラーを焚き始め、十六時十四分船川港を出港した発機丸は、順調に箱館を目指した。出発して二時間ばかりたった頃ボイラーの蒸気が漏れだし、七分ばかりの停船で螺子を巻きなおすというトラブルに見舞われたものの、比較的順調な航海を続け、翌日十五日の早朝には東北東の方向に岩木山を見ながら北上、夜十時になって津軽半島北端の竜飛《たっぴ》岬と松前半島南端の白神《しらかみ》岬を眺められる地点にまで到達、十六日の早朝六時三十五分にようやく箱館港に投錨した。

この日の箱館は、雪も二、三寸（約六〜九センチ）積もり、港の岸に近いところでは海も幾分かは凍結し、骨身にしみる寒さであった。厳しい寒さの冬の港には、日本の商船の姿は五十艘程度であったが、それらに混じってイギリスの商船二隻が停泊、プロシアの商船も入港してきた。港の近辺には、西洋人たちが駐留する諸国の華麗な商館が建ち並び、ロシアの商館内には病院が設けられ、日本人もそこで治療が受けられるとの話を聞き、また、街中を馬車で遊行する西洋人の男女を見かけるなどで、発機丸の乗組員は開港した港のにぎわいをまざまざと体験することになる。

さて、出港前に幕府軍艦奉行並勝麟太郎から指示された時には、大坂着船までの石炭など諸経費は藩側が負担することと聞いていたが、箱館に入港すると事情は違っていた。当地で石炭の補給を艦内で協議していたところ、翌十七日になって箱館奉行の使いである宇津木頼母《たのも》と名乗る者ら数名が艦に来て、「老中からの御達しで幕府借り上げの船が入津した時には入用の品を賄うようにとのことであるから、必要な物を願い出るように」と伝えられた。

この幕府の方針変更と手回しの良さは、船川での長期の思わぬ滞在と、艦の破損修理などで費用が嵩んでいた艦将岡田たちにとって有り難い措置であったに相違ない。早速箱館奉行に願い書きを提出して、石炭九八〇俵を提供してもらうこととし、発機丸に積み込んだ。

準備を整え、品川沖を目指して錨を揚げようとした十八日は、明け方から雪がちらつき、逆風が吹くという生憎の天候であった。朝の七時半にイギリスの帆前船が港を離れる姿を認めたものの、発機丸は、無理な航海は避けることとし、天候の回復を一日待って、十九日の深夜二時にボイラーに火を入れ、三時四十五分に箱館を出港した。

箱館で積み入れた石炭は上質で、蒸気度の上昇が早い上に、順風と速い潮の流れに乗り発機丸は順調に太平洋岸を南下、正午には南部藩の尻屋崎《しりやざき》（青森県下北半島の突端）を通過したが、翌二十日の深夜一時から東南東の風が強くなり始め、小雪も混じる悪天候となり七時頃から強風で発機丸の揺れが激しくなったため、進路を転じて、この日の正午に、宮古港の北七丁ばかりに位置する南部藩の鍬ケ崎《くわがさき》に入港し、和泉屋に宿を定めた。

鍬ケ崎港は宮古湾の北端に位置し、北東には景勝地浄土ヶ浜があり、現在は一体化しているが当時は、七丁（約七六〇メートル）ばかり南の港を宮古港と称した。大正期末に宮古町（現宮古市）

に合併するまでは下閉伊《しもへい》郡鍬ケ崎町で、鎌倉期の文献にすでにその名は見え、江戸初期の元和三年（一六一七）には、盛岡藩城下の外港として藩は五〇〇石積みの宮古丸、一〇〇石積みの寅丸という船を配備し、運上所も設けて海鼠《なまこ》、干し鰒《あわび》など海産物を定期的に江戸に送る基地として大いに栄える東北有数の港であった。

そのようなことから、悪天候を避けるにはもってこいの港で、発機丸も錨を下ろしたのであるが、この港にはすでに同じように強風を避け、幕府の亀田丸や備中松山藩の板倉候の御手船などのほか、五隻ばかりの商船も停泊中であった。ここで発機丸の艦将岡田や安井は航海に万全を期すため、この港から江戸までの航路に精通する権右衛門という水先案内人を九両二歩の雇い料で江戸まで雇用することとした。

この日から東北地方は雪に見舞われたため、航海に適さない不順な天候の回復を待つこととしたが、二十三日の午後になってようやく波も静まったので、十六時からボイラーに火を入れ、十七時三〇分に出帆、再び発機丸は太平洋を南下、夜の十時には釜石沖を通過、日が変わり二十四日の深夜から明け方、午前にかけて、近年の東日本大震災で大津波に襲われた大船渡《おおふなと》、陸前高田、気仙沼《けせんぬま》、南三陸、女川《おながわ》などの沖を通過した。

その後、金華山《きんかざん》の東を通過したのが正午であったが、この頃から逆風になった上に、蒸気機関の具合も少しばかりおもわしくなく、これを修理するために牡鹿《おしか》半島を迂回して同半島の西海岸に位置する小淵《こぶち》港に錨をおろした。修理の後、直ちに出港する予定であったが、風模様があやしく、夜に至っても状況に変化が見られぬため、出港を翌朝に延期することにし、この港に停泊することを艦将の岡田らは決断し、その旨を乗組員に伝えた。

少しでも早く品川沖へ着船しなければならないとのはやる気持ちはあるものの、何せ冬の海は荒れることが多く、翌二十五日は、通常より遅めのすっかり夜が明けた午前八時二十五分にボイラーに火を入れ、午前十時四十分に小淵港を出帆、松島を北西に見ながら南西に進んだ発機丸は、やがて南に進路を定め、一気に南下したが、夕方から降りだした雪と深夜十二時四十分過ぎからの烈風とデッキにまで打ち寄せる高波で船の揺れは尋常ではない状況となり、翌二十六日の深夜二時三十五分、蒸気機関が不調をきたし、暫くは運転を止め修理せざるを得ないような状態になった。

蒸気方の浅津らが懸命な作業で修復を終えた三時頃から急に波がおさまり、南下を急いだ発機丸は、明け方の午前六時四十分南西に筑波山を、八時十分には南西にかすかに富士の姿を眺められる地点にまで到達した。しかしながら、相変わらず蒸気機関の不調は深刻で、十一時には、ついに停止、この時には十分程度で修復を終え、一路品川沖を目指した。

しかし、二十六日の夜には、再び強風が吹き荒れ、波がたかくなり、帆が裂けてしまうような状況に見舞われるが、なんとか切り抜け、翌二十七日の朝六時には、富士山を北西に、伊豆大島を西に見ながら南西に舵を切った発機丸は、やがて十時十五分には房総半島の最西端の洲《す》崎《の》岬《さき》の西沖を通過した。

この時、伊豆方面から品川に向かう松江藩の二本柱の汽走軍艦八雲丸の姿を見るが、発機丸は先行して、今度は北に進路を定め、品川を目指し、十三時三十分には左舷に浦賀を臨み、一時間後には船尾のかなたの南に三浦半島の観音崎を見る位置まで進み、十四時四五分には金沢を、また、十五時には異国船が二〇隻ばかり停泊している横浜をいずれも西北西に眺めながら進み、夕方の六時四十五分に品川沖に着船した。

当初幕府に命じられた十二月初旬の品川沖廻航には相当に遅れた二十六日をかけた悪戦苦闘の航海であった。故障などの修復のための停泊期間が十七日間あったから、航行日数は九日間ということになる。一安心した艦将岡田は安井との連名で岡田助右衛門ら三名の藩の軍艦奉行に、航海の概要を記し、その上で「私どもはじめ一統異議なく無事に品川沖に着帆いたし候」と、早飛脚で藩に報告した(27)。

品川沖で上洛先行船団を見送る

陰暦の十二月二十七日は、現在の太陽暦では二月四日。冬至はとっくに過ぎ、日増しに夕暮れは遅くなっては来ているものの、発機丸が品川に到着したこの時期の夕方七時に近い頃では、すでに夕闇が迫っており、停泊中の蒸気船はすべてランタン（角灯、西洋提灯）を蛍々と掲げ発機丸の乗組員たちの眼をうばった。発機丸の面々は、「この年六月の江戸の大火事による江戸城西丸の類焼もあり、将軍上洛は難しいのではないか」などと思っていたところ、上洛の出発が明日に迫っており、幕府側から「明日出帆しても差し支えないか」との問い合わせに、びっくり仰天することになる。

なんとか品川に到着したのに、幕府の要望に応えられなくては、面目が立たず国許にも迷惑がかかると焦ってみたものの、最終的には、これまでの航海中では蒸気漏れによる圧力が平常値の半分程度を上限に下方値に留まり、迅速な航行が出来ないため、明日の供に加わることは困難であると幕府に返答せざるを得なかった。

翌二十八日、御上洛の諸船は朝七時頃に錨を揚げた。将軍家茂が乗船する御座船《ござぶね》となった「翔鶴丸」、随行する「順動丸」、「朝陽丸」、「蟠龍丸」の幕府の軍艦のほか、佐賀藩の「観光丸」、筑前黒田藩の「大鵬丸」、松江藩の「八雲丸」が従った。七艘の軍艦は、日ノ丸の国印し、中黒の小幟《のぼり》を上げ、御座舟の「翔鶴丸」には、御紋付きの旗がひらめいていた。

これら艦団を見送ったのは、上洛の後御用を申しつけられ、この月の晦日に出港することになる盛岡藩の広運丸や発機丸の乗組員であったが、彼らには実にすばらしい眺めであった。これらの諸艦のほか、やや遅れて、御膳水二三樽などを積み込んだ幕府の千代田形一番丸もこの日に出帆した。

千代田形というのは、幕府によって建造された初めての国産軍艦であった。この軍艦は二本マストの汽走帆船で長さが九七尺（約二九・四メートル）、幅一六尺（約四・八五メートル）、六〇馬力、一五八トンで、前年すなわち文久二年（一八六二）の五月に起工し、この年の七月に進水したばかりであった。しかし、蒸気機関やボイラーが使用され蒸気軍艦の機能が備わったのは、慶応二年（一八六六）のことであったから、この頃はまだ帆船として任務に就いていたのである。千代田形一番丸の名称が史料などで見られるのは、当初はこの艦は二〇隻を建造する予定であったので、最初の艦をそのように呼称したらしい。しかし、この艦の建造は、これ一隻で終わってしまった。

御座船の「翔鶴丸」を中心とする船団が遠ざかった後も品川沖はにぎわっていた。この日オランダの軍艦が入港するとともに、日頃は江戸と横浜の間を往来しているという川蒸気船（小型蒸気船）が、今日は船尾に杉小船を繋いで、それに数十人の兵士を乗せ江戸高輪間を数回にわたって往復し、軍艦に搭乗していた兵士のすべてを上陸させたが、発機丸の近くでは、礼をつくすように徽号《きごう》（旗章）を下ろして通り過ぎるのであった。

そのような動きの中で、おそらく蒸気機関の不具合で御座船に同行出来なかった発機丸の乗組員は残念な思いであったに違いなく、それ故、機関方（蒸気方）の浅津富之助を中心に懸命な修復作業を行ったが、そのための停泊中に発機丸の乗組員たちは巷の情報に接することになったと思われ、その情報が書き留められている。例えば、この年の十二月二十九日には、横浜から幕府の目付兼外国奉行であった池田長発《ながおき》を正使とする遣欧使節が、国内における攘夷運動激化の情勢から、それをそらす目的で、フランスやイギリスなどに横浜の一時的鎖港を求めることを交渉するために出発しているが、この件について、「西洋各国へ鎖港談判のために遣わされた使節が、フランスの便船で行くことを乞うて、二十九日に横浜を出帆するそうな」と記し、続けて池田ら派遣された者の名を列記した後、「陽には鎖港の談判と称し、陰には攘夷派によって各国に無礼の筋があるのを謝罪するためである」との浮説があると述べている。

このように、浮説と言いながら、品川沖の発機丸の乗組員には、きわめて正確な情報が入っていたことがうかがえる。ちなみにフランスに到着した池田は、フランス政府に横浜の一時的鎖港を求めたが、当然のことながら拒否され、その後のイギリスなどとの交渉を中止して帰国、外国との和親を幕府に建議するが、役目不履行の咎《とが》で、半知《はんち》召し上げの上、蟄居《ちっきょ》を命じられ、不遇な晩年を過ごした。

また、次のような浮説が広まっていることも記録している。その浮説とは、「水戸藩の近頃の実情は、長州藩と同意である故、幕府は加賀藩と仙台藩などへ関東の御警衛を頼みにしているのは、ひそかに不慮の事態に備えるためである」というものであった。このような浮説は、信じるに足りぬと聞き流したと記述するが、この浮説はまんざら出鱈目でもなかった。発機丸が国許に廻航され、供奉船として調達されるであろうことを想定して航海訓練を行い、予想していた通り品川沖廻航の命を受けて航海に乗り出し、品川沖に着船した頃の社会の動きは次のようなものであった。

この年、すなわち文久三年（一八六三）の三月、佐野鼎らによって発機丸が国許に廻航され、五月には、藩主斉泰と世嗣慶寧がそろって伏木港で発機丸をつぶさに参観したことは先に述べたが、この頃、公武合体の推進を図ろうとして三月にこの年一回目の上洛をした将軍家茂は、尊王攘夷派の攻勢にさらされて、攘夷決行の期限を五月十日と奉答、六月には海路で江戸に帰った。長州藩は、定められた期限の五月十日から下関海峡を通過する外国船に砲撃を開始したのである。

さて、この頃から尊王攘夷派の台頭に危機感を募らせた幕府は、加賀藩の世嗣慶寧の江戸出府を命じてくるようになるが、これを機に藩内では藩主斉泰を中心とする幕府擁護派と世嗣慶寧を中心とした尊攘派の対立が表に出始める。この時、幕府擁護派の人たちが、幕府の命令に従って、世嗣慶寧は直ちに江戸に向かうべきだと主張したのに対して、尊攘派は、「将軍が京都から退き、諸大名を江戸に呼び寄せ、次いで俄《にわか》に世嗣慶寧を江戸に召し出そうとするのは大いに不思議なことであり、出府は断るべきである」(28)と主張したという。

また、この頃、加賀藩の中で尊王攘夷派として重きをなしていた千秋《せんしゅう》順之助は、藩に提出した言上書(29)の中で、このように幕府が慶寧の出府を命じる真意は、「加賀藩が幕府に追随している姿を世間に知らしめ、大藩の大名である加賀藩の威を借ろうとするもので、言ってみれば、加賀藩は囮《おとり》に使われるようなものにほかならない。幕府は朝廷の命に服する気持など全くなく、攘夷を唱え、反幕府的行動をとる朝廷および西南雄藩に対して、東国諸国をまとめ、東西分裂を画策するつもりなのである」と述べている。

その上で千秋は、そうであっても幕府に追随する者は朝敵藩とみなされることから、尊王の志の深い仙台や上杉は朝廷に刃向かうはずはなく、幕府は孤立してしまうであろうとの情勢分析をしている。しかし、このような尊攘派の台頭に楔を打ち込んだ事件が、同年八月に決行された八月十八日のクーデターであった。

このクーデターは、この日の深夜に中川宮、京都守護職松平容保《かたもり》、京都所司代稲葉正邦、近衛忠熙《ただひろ》、二条斉敬《なりゆき》ら公武合体派の公卿たちが参内、会津、淀、薩摩藩兵が九門を固める中、朝議を開き、三条実美《さねとみ》ら尊攘派公卿の参内や面会禁止や尊攘派公卿の京都からの追放などを決定した事件であった。そして、幕府はこのような措置に憤激し、公然と倒幕を目指す姿勢をあらわにした長州藩を中心とする尊攘派を抑えるために、加賀藩や仙台藩など東北諸藩を味方に引き入れるべく、江戸出府や尊攘派が一掃された京都への上洛と守衛を働きかけたのであった。

このような社会の動向を念頭に、発機丸の乗組員が品川到着と同時に耳にし、信ずるに足りぬと聞き流した浮説は、むしろ信ずるに足りる情報であったと言える。

将軍家茂の乗船する御座船を追う

さて、発機丸の故障はいつ頃修復したかは定かではないが、部品の調達がしやすい品川では、それほど日時を要したとは考えにくい。三十日には、幕府の軍艦所から小舟数隻が十六貫（約六〇キロ）入りの俵で一五〇〇俵の石炭を運んでくれ、発機丸に積み込んでいるから、出帆の準備は整っていたと思われる。しかし、御上洛諸船の一艘として幕府の役人などが乗り込むと聞いてはいるものの、幕府からは後御用を仰せつけるとして、品川待機を命じられた。

明けて激動の年になる文久四年（一八六四）の幕が開く。この年は、二月二十日に改元され元治元年となる。正月元旦に幕府の役人達が乗船を終え、二日の暁に出港する予定であったか、延期されることになり、四日になってようやく五日朝の出港が決定、四日に操練所から水が運び込まれ、夕方から幕府の役人たちが続々と発機丸に乗り込み、運搬すべき荷物も積み込まれ始めた。

乗り込んだ人々は、幕府勘定奉行の松平康直（石見守）を中心に小姓、小納戸、軍艦取締役、武具方組頭、納戸御仕立方などと、それらの家来衆を含め合計五十人。荷物は将軍家茂が朝廷に献ずる御太刀箱が一箱、御兜建《おんかぶとだて》が一棹《さお》、家茂の船旅および上洛中に必要な生活必需品などを納めた二つの御納戸御道具などのほか、乗り込んだ役人たちの長持や具足櫃《ぐそくびつ》、刀箱など多数に上った。

五日の早朝四時にボイラーに火を入れ、五時三〇分、発機丸はようやく品川沖を出航、八時五十分には横浜沖を、十時四五分には観音崎を、間もなく浦賀海門関鎖を、十一時には海獺島《あしかしま》を越え、午後三時過ぎ頃から六時半頃までに蒸気機械が停止するトラブルもあったが、運用方棟取の関沢らの巧みな帆さばきでそれを補いながら、午後七時十七分には伊豆大島に対する位置まで南下、順調に航海を続けた。

その後、伊豆半島の突端石廊崎《いろうざき》を巡り、駿河灘を突っ切り、御前崎から遠州灘を西行する予定であったが、深夜十一時頃から強力な西風が吹き始め、船の揺れは尋常ではなく、向かい風に行く手を阻まれる形となり、このような状況で遠州灘の航海はとても無理に思われたため、艦将の岡田は安全を第一に、下田港に引き返す決断をし、翌日六日の午前二時三十分に下田港に錨をおろした。下田には発機丸同様、強風と高波を避けて、幕府の千秋丸のほか、千代田形一番丸、盛岡藩の広運丸などのほか、尾張藩、姫路藩などの印を掲げた諸藩の御手船の姿も見られた。将軍家茂を乗せた御座船「翔鶴丸」は、すでに年末の二十九日に下田に着船、正月二日に出帆、一旦伊豆半島西岸の駿河湾に面した子浦に留まったものの四日には遠州灘を目指し出帆していた。

下田港では、千代田形一番丸に積み込まれていた御膳水二三樽が発機丸に積み替えられたが、その作業を終え、風のおさまりきらない下田を出港したのは、七日の朝七時十五分であった。午後二時には、御前崎《おまえざき》を真北に望みながら西行するが、夕方の六時には遠州灘に注ぐ弁財天川の河口に近い遠州横須賀沖まで到達したものの、発機丸は折からの強い西風で西行を阻まれ、船の揺れも激しかったために艦将の岡田らは、急いで下田に引き返す決断をし、十里（約四十キロメートル）ほど船を戻した。しかし、深夜の午後十一時頃になって、すこしばかり風が静まり風向きも変わり始めたことから、再び西南に舵を取り大坂を目指して船足を速めた。

遠州灘を航行し、翌八日九時五七分に北北西に渥美《あつみ》半島の伊良湖《いらご》岬沖の伊勢神島を見ながら航行、志摩半島の東端的矢《まとや》湾の奥に位置する的屋（的矢）港に発機丸が入港したのは、とっぷり暮れた夜八時頃であった。この日から風向きの悪い天候が続いたために発機丸はこの港にしばし停泊、良風を待って錨を揚げたのは十二日の朝であった。

この日の発機丸は、早朝五時にボイラーに火を入れ、六時三五分に出港、強い北風を受けながら、八時五二分に大尾崎（大王崎）、午後二時四十分に九木崎《くきざき》沖で盛岡藩の広運丸を追い越し、船足を速めた。この広運丸は、発機丸より九日遅れて、二十二日の早朝五時三十分に兵庫沖に到着、錨を下ろした。蒸気機関を備えていない帆船であったため、紀州沖の凪続きの天候で船のスピードが上がらず、到着が大幅に遅れたという。航海中に蒸気機関の不調に悩まされた発機丸ではあったが、それでも帆船に比べれば汽走帆船がスピードにまさることで面目を保ったのである。「跡戻り記」には、この件に触れ、「蒸気と帆前《ほまえ》との違ひ是を以知るべし」と発機丸の乗組員が溜飲《りゅういん》を下げたかのような記述も見える。

その後、夕方五時二五分に西の方に新宮城を眺めながら南下、夜九時四五分に大島に相対し、十一時には潮岬《しおのみさき》、二時三十分にはエツエ岬（市江崎《いちえさき》カ）を越え、明けて十三日の朝六時には、遠く北に淡路島を認め、十一時二十分東に日の岬を見、由良《ゆら》港沖を過ぎ、三時二十分には東南に和歌山城を仰ぎ、五時には淡路島の台場を西に見る位置までに到達、このように紀伊半島をめぐって、五時十分に瀬戸口にと入った。

発機丸は夜に入っての霧雨で周囲は靄《もや》がかかって両岸の山などを捕えることができず蒸気を抑えて煙る大坂湾を北北東に進路を定めゆっくり進み、最初は天保山《てんぽうざん》着船の予定であったが、十時三十分に摂州和田崎が北北西に確認できたため、十一時二十分に暫時兵庫沖に停泊し、夜明けを待って浪速に行くことにして、この日は蒸気を抜いて錨をおろした。

他の供奉船もこの兵庫の地に錨を下ろしていたのを不審に思ったのであろうか、発機丸に乗り込んでいた幕府の調理役が、順動丸などに出向いて様子を聞いたところ、大坂には行くには及ばず、兵庫に停泊することになったという。供奉船以外にも、越前藩の黒龍丸、長崎奉行が管轄する長崎丸、薩摩藩の安彦丸、箱館鎮台が管轄する健順丸、土佐藩の上海丸などの姿が見え、兵庫沖は諸船の姿で壮観であった。

将軍家茂が乗った御座船「翔鶴丸」は、すでに八日には浪速港に入港していたが、家茂は十四日に大坂城を発輿、十五日に京都二条城に入城した。これに合わせるような形で発機丸に乗船していた幕府の諸役人の内、調理役と同下役の二人を除いてすべてが十四日の朝に、荷物とともに下船し浪速へと向かった。

品川からの航海は悪天候や蒸気機関の不調により、御座船と供奉船の船団より五日の遅れを取ったものの、当初の供奉の役目を無事終え、岡田艦将らの乗組員は一先ず肩の重い荷を下ろした。

兵庫沖での待機と蒸気機関の修復

その後、発機丸は、品川への帰還が始まるまでのおよそ四カ月間、兵庫沖に留まるが、「発機丸航海日記」には、毎日の気温、天候、風向きの記載はあるものの、その他に付いては記載のない日が多く、まれに港を出入りする諸艦の様子を記載するばかりで、発機丸についての記事は、三月二十一日に兵庫沖に停泊する諸艦を巡視した幕府軍艦奉行並の木下謹吾が発機丸にも訪れたことを記述する程度である。そしてこの日記は、元治元年（一八六四）三月末日の記載を以って終わる。

兵庫着船以降の発機丸の動向については、「跡戻り記」の記録も、「発機丸航海日記」同様に兵庫港を出入りする諸艦の様子や布告された幕府の軍艦の訓練の予定日などの記載が主で、発機丸に直接かかわる記事はそれほど多くない。

しかし、発機丸が兵庫沖に到着して間もない、二月の記述には、以前品川沖で停泊した時と同様、巷《ちまた》で取りざたされ、発機丸の乗組員の耳に入ってきた風説が記録されているのが興味深い。三月十日の「兵庫七ノ宮祭礼」の日には、幕府は停泊する諸艦船に乗組員の上陸を禁ずる命令を出しているから、平常では上陸には強い規制がなかったのであり、発機丸の乗組員もしばしば上陸し、その際に巷の風説に接したものと思われる。その内容は次のようなものであった。

二月四日には、長州では新たに城を築き、僧家隊・忠義隊三十万余、町兵隊・農兵隊三十万騎を編成し、小倉領の田の浦に砲台を築くとの噂がある。また、薩摩藩の蒸気船が下関を通過の際に長州藩から砲撃を受け、沈没し、士官など二十人ばかりが溺死したとか、長州が薩摩の士官を殺し、船頭を磔《はりつけ》にしたなどというものであった。

また、同月十四日の記述には、イギリス、フランスが長州攻撃をするとのことで、幕府の軍艦奉行の勝麟太郎が長崎に行くために、長崎丸で出航したが、長州の乱暴な振る舞いを恐れ、それを避けるために、下関を通過することをせず、豊前中津（現大分の中津市）から上陸したとか、二十日には、大坂で伊勢屋平兵衛という横浜商人が殺害され大和橋で首を竹ざしにされ晒首《さらしくび》にされ、罪状を書いた半紙が各地に張り出されたなどと記している。

このような風説は、発機丸が品川に着船した時に耳にしたものの続編とも言えるもので、多少の誇張や誤報も混在したものであったとは言え、風説とは言いながら、当時の世相が発機丸の乗組員の耳に達していたことを示している。風説が書きとめられたのは、このような社会の動きの中で、長州藩や尊王攘夷派が勢力を盛り返そうと必死になっていた時期であり、このような風説が発機丸の乗組員の耳に入った頃には、江戸市中に老中、市中巡邏《じゅんら》、貿易商の三大売国賊臣に天誅を加えるから市民は速やかに非難するようにとの立て札が立つなど騒々しい世の中であった。

さて、次に少ないながら、「跡戻り記」にいくらか記載のある発機丸に関する記事を繋ぎ合わせてみることにしたい。発機丸が三月二十一日に幕府の軍艦奉行並木下謹吾、同棟取肥田浜五郎ら四人の幕府の役人の訪問を受けたことが思わぬ出来事であったと見え、このことは先述したように「発機丸航海日記」にも見える。この幕府役人の訪問は、発機丸のみならず供奉の任に当たっている諸艦船を巡視、見分するものであったが、発機丸はこれまでの航海中に度々悩まされた蒸気機関の不具合を修理するためのリングを発注している最中であったため、蒸気機関の性能を彼らに示すことが出来なかった。

発機丸の蒸気機関のリングが完成したのは四月十一日。この日新しいリングを取り付け試運転したものの、蒸気の圧力が思うように上がらず、再度の修復が必要となった。帆を備えている汽走帆船であるから、航行は不可能ではなかったが、蒸気方を掌る浅津や沢田らにとっては実にみじめな状態が続いていた。それでも、四月十七日の「東照宮御忌日」には、幕府の諸艦をはじめ諸藩の艦船とともに日ノ丸やシグナルフラッグを掲げ、正午には朝陽丸、千秋丸、長崎丸、観光丸と共に発機丸も二一発の祝砲を発し存在感を示した。

供奉《ぐぶ》の任に当たった諸艦や薩摩藩など諸藩の出入りを見ながら、蒸気機関の修復に浅津らが懸命に当たり、発機丸が再度の試運転で蒸気機関が十分な機能を発揮できるまでに修復が完成し、本格的に活動を始めることができるようになったのは五月四日からであった。この日、発機丸は、朝五ッ半時（午前九時）頃から久しぶりに東は灘浦から西は須磨あたりの沖を力強く航行し、艦将の岡田や安井、ことに蒸気方の浅津をはじめとする乗組員には満足な一日であった。

翌日の六日は、所用のため江戸へ向かう総裁職松平大和守が諸船の祝砲のもと出港した日である。その任に当たった黒龍丸は、この日の九ッ半（午後一時）頃兵庫を出港したが、発機丸もまた幕府から天保山沖へ来るよう要請されたので、同時刻に兵庫から天保山に向かった。発機丸側では、天保山着と同時に江戸表へ出向く先御用を仰せつかることがあるかもしれないと思い、食料なども十分に積み込んだ上で八ッ半時（午後三時）頃に着船し、そこでしばらくの停泊をした。天保山に停泊中の八日に藩からの御用金が届けられ、翌日九日には米六十石をさらに積み込んだが、先御用などを命じられることがなかったため四ッ半時（午前十一時）に抜錨し、八ッ半時（午後三時）頃に兵庫港に帰った。

十日も発機丸は、早朝から大坂に行き夕方に兵庫に帰った。この日、水師提督勝麟太郎は明日将軍家茂が砲台巡視するために兵庫沖に来ることを諸艦に布告して回ったが、発機丸にも訪れ、そのことが伝えられた。翌十一日から帰還準備で大阪湾の船の動きが烈しくなる。早朝から朝陽丸、続いて長崎丸が将軍家茂を迎えるために浪速に向かい、発機丸をはじめ、兵庫の諸艦も次々と発し浪速到着、八ッ時（午後二時）過ぎには、翔鶴丸が祝砲を放つ相図の紅旗を掲げると、集まっていた諸艦は、許諾の旗を掲げるや一斉に三十二発の祝砲を放ち、以後、将軍乗船と品川帰還の準備が着々進められることとなる。

平穏な航海日和に恵まれ品川へ帰還

長らく逗留していた兵庫沖を離れ、品川への帰還が始まったのは五月十三日。この日、「諸艦は明日天保山に集結せよ」との通告を幕府の翔鶴丸から受けた発機丸は、十四日の四ッ時（午前十時）頃に天保山に向け出航、九ッ半時（午後一時）頃に到着したが、すでに翔鶴丸や大鵬丸の姿があり、その後、長陽丸、千秋丸なども到着した。

五月十六日の八ッ半時（午後三時）頃、品川への出航準備が整い、将軍家茂が翔鶴丸に乗艦し、将軍お供の幕府役人伊庭軍兵衛ら四四人と頼み込んで乗船してきた一名を加え都合四五人を乗艦させた発機丸は、七ッ時（午後四時）頃、他の諸艦船と共に一斉に錨を揚げた。

品川に向かう御座船と供奉する船は七隻。計八隻の蒸気船は、四隻ずつの二隊に分かれ、帰還の途に就いた。発機丸は御座船翔鶴丸、長崎丸、大鵬丸の隊に属したが、他の一隊を構成した四隻に付いては「跡戻り記」には記録がない。かつて品川から上洛した際に供奉した順動丸は長崎から帰還しておらず、この時供奉には加わらなかったであろう。また、兵庫や天保山での船の動向記録に見える千秋丸や広運丸は帆船であったので、この品川帰還の時には供奉からはずされたと思われる。おそらく、他の一隊を構成した蒸気船は、朝陽丸、蟠龍丸、観光丸の三隻と、どのような船であったか明確ではないが、船団の中で最後に出発したという鯉魚門《らいもん》丸でなかったか。

蒸気機関の性能と帆さばきを競うかのように、南西の紀淡海峡を目指して諸艦は天保山を後にした。御座船の翔鶴丸が先陣を切り、長崎丸、大鵬丸がこれに続いた。この三隻のスピードが圧倒的に抜きんでて、発機丸をはじめとする他の艦は懸命に三艦を追うという按配であった。六日に兵庫を出港し、松平大和守を江戸に届けて、この日の四ッ半時（午前十一時）過ぎに天保山に帰って、御座船を見送った後、兵庫に向かう黒龍丸に別れを告げた発機丸は、五ッ半時（午後五時）過ぎからマストを満帆にして航行し、間もなく岸和田沖を過ぎた、現在の関西空港沖あたりで朝陽丸を抜き去り進んだ。

しかし、間もなく発機丸は蒸気機関の一部から炎が上がったため、蒸気エンジンを停止、すぐに消し止めることは出来たものの、艦の推進能力が低下、最後尾の鯉魚門丸に追いつかれ、遥か前方にわずかに翔鶴丸の一筋の煙を確認できるほどにまで差が広がってしまったが、それでも関沢らの巧みな帆さばきがあったと見え、蟠龍丸を捕え、深夜四ッ半（午後十一時）頃に紀淡海峡を越え、太平洋へと乗り出した。

その後、発機丸は翌十七日の八ッ半時（午前三時半）頃に付け根に由良の港を抱える日ノ岬沖に迫るあたりまで南下した。翔鶴丸との距離がそれほど離れていなければ艦将の岡田は、由良港に立ち寄るべく舵を切ったはずであるが、少しでもその距離を縮めなければならないと考え、由良港には寄らず、紀伊半島南端の大島を目指すことにした。

というのは、天保山を出発する時には、御座船翔鶴丸と発機丸など三隻からなる一団は、翔鶴丸を守るように前後に位置し、出来るだけ離れることがないよう航行することとするが、もし離れた場合は、由良港に翔鶴丸がいなければ、紀伊半島の突端大島に急行、大島でも翔鶴丸の姿を確認できぬ場合は、浦賀に急行すること、また、朝陽丸などのもう一方のグループの四隻は直接浦賀に急行して、後続を待つという約束事があったからである。

由良港に立ち寄るべきか否かについては、艦将岡田や安井に迷いがなかったわけでなかったと思われる。しかし、彼らは翔鶴丸のスピードに付いていくためには、発機丸が由良港で翔鶴丸の姿を認めたところで、自分たちは休む暇なく出港せざるを得ないのは目に見えており、それならば、由良港に立ち寄ることなく大島に直行し、そこで休息した方が何かと都合が良いと考え、船足を速めたのである。

白々と夜が明け、発機丸が五ッ時（午前八時）前に須佐美沖を過ぎた頃、速いスピードで行きかう順動丸に出会う。この船は、かつて品川から御座船を供奉し、その後、肥後熊本藩に貸し出され長崎にいた幕府の所有船であったが、将軍が江戸に還るとの報が入り、急遽摂津へ帰ってきたのであった。発機丸の搭乗員は、長崎から玄界灘を越え、瀬戸内播磨灘経由で航行してきたのであれば、このような所で出くわすはずがなく、おそらく四国の南の太平洋を突っ切ってきたのであろうと考えたものの、詳細は分からずじまいであった。

同時にこの頃、発機丸は、前方を航行する長崎丸と鯉魚門丸の船体を確認、そのはるか前方には船形はしっかり確認できないながら、長崎丸と大鵬丸のものと思われる煙を目にするまでに距離を縮めた。また、後方には遅れた蟠龍丸の姿も確認できたが、その遠く後方に見えた煙の主の正体が御座船の翔鶴丸であることは知るすべもなかった。

やがて、発機丸は、四ッ半時（午前十一時）に紀伊半島の南端に位置する潮岬を迂回して大島港に入港した。長崎丸はすでに停泊、大鵬丸は大島港にも立ち寄らず、遠州灘に出た模様であった。やがて、翔鶴丸が発機丸より遅れて九ッ時（正午）に大島に相対する串本港に入港したことを知る。翔鶴丸は、昨晩、予定通り由良の並地加田にて一泊したといい、他の諸艦はすべて、発機丸同様由良には寄らなかったのである。そのため、発機丸の乗組員が知るすべも無かった煙の正体が翔鶴丸であったことを、あらためて知ることになる。

大島で上陸した発機丸の乗組員は、風呂に入り汗を流し、髪を結いなおしてしばらく休み、七ッ半時（午後五時）に三艦そろって長崎丸を先頭に、発機丸、翔鶴丸の順で出港し、その後、そろって浦上（現那智勝浦町浦神）に入港した。この港からの出港は各艦の裁量で何時に出港しても差し支えないとの翔鶴丸からの指示で、発機丸は、即刻ボイラーに火を入れ、夜四ッ時（午後十時）過ぎに翔鶴丸に先行して出航した。

翌日十八日の八ッ半時から七ッ半時前（午前三時から五時頃）に志摩半島の東岸沖を巡り、この日は風向きにも恵まれ遠州灘を順調に航海、十九日の明六ッ時（午前六時）過ぎには御前崎《おまえざき》沖を、九ッ半時（午後一時）前には下田沖を通過し、深夜の九ッ時（午前〇時）に浦賀港に入港した。既に入港していた朝陽丸のランタン（角灯・西洋提灯）に応えて発機丸もランタンを掲げて着船を知らせた。

天保山沖の出発からのこの航海は、天候に恵まれ波風に煩わされることのない海上平穏な最上の航海日和であったが、品川を目前に発機丸の蒸気機関のケイトル（蒸気釜）が損傷し、スピードのある航行は無理であるために、品川着が遅れる心配がないよう艦将岡田は九ッ半時（午前一時）前に他艦に先行して直ちに出航したが、間もなく他の艦に追い抜かれてしまった。翔鶴丸は、六ッ時（午前六時）過ぎにすでに品川に投錨、他の艦も次々着船、将軍家茂も川船に乗り換えて浜御殿へと向かったが、発機丸は、遅ればせながら朝五ッ時（午前八時）過ぎに品川に無事帰還し、請け負った四五人の幕府役人なども下船し、供奉船の役割を無事終えた。

長州征伐のための兵士と物資を運ぶ

発機丸が兵庫沖で蒸気機関の修復を終え、兵庫沖を離れて品川に到着する頃は、幕府と長州藩の対立が深刻となり、京都を舞台に尊王攘夷派と新撰組などの佐幕派の抗争が激しさを増しつつある時期でもあった。この頃、加賀藩は幕府と長州藩の周旋をするため、世嗣慶寧が四月二十八日京都に向け出発(30)、五月十日に到着(31)した。発機丸が兵庫沖を離れる準備を急いでいた頃である。

さて、先述したように発機丸は五月十七日に兵庫沖を出港し、二十日に品川に到着、大きな仕事を曲がりなりにもし終えた安堵感で発機丸の艦将の岡田、安井以下の乗組員は鋭気を養うための休養を取り、航海中に悪戦苦闘した蒸気機関の不具合の修理を五月二十三日から始めた。

この修復作業を二十八日に終えた発機丸は、長州藩を中心とした尊王攘夷派の京都での暗躍に対応するための武器などの補充を必要とした幕府の要請で、六月三日に大坂へ荷物を運ぶこととなる。

台付大砲車四両、合薬箱八箱、引縄などの菰《こも》包み一個、石炭五〇〇俵、長持ち一棹などを積み込んで待機したが、三日の出航はこの日の高波で延期され、五日朝五ッ半時（午前九時）に出航、横浜港に停泊する大型の外国の軍艦を望遠鏡で見ながら南下、観音崎沖を四ッ半時（午前十一時）に通過して、九ッ時（正午）に浦賀港に入港した。この入港は、相変わらずの蒸気機関の故障の修復のためで、十日まで、浦賀に留まった。その後の発機丸の消息については不明な点が多いが、浦賀での修復を終え大坂に向かい、幕府軍に品川からの台付大砲車などの荷を届けた。

この頃、京都では両者の対立は激しくなるばかりで、加賀藩の幕府と長州藩間の周旋は効を奏することなく、発機丸が幕府の要請で武器を積み込み品川を出港した六月五日、近藤勇が率いる新撰組が京都三条の旅館池田屋に集う長州、土佐などの尊王攘夷派の志士たちを襲った俗に言う池田屋事件が起こり、この事件を契機にして両者の対立は抜き差しならぬ状況となり、七月十九日の京都を舞台にした禁門の変が勃発する。

この変が始まるや、在京の世嗣慶寧を中心とする加賀藩兵は、京都守衛を命ずる幕命を無視し、消極的ながら長州を支援するかのように退京した。しかし、この戦いで長州は敗北、藩主斉泰は、慶寧を謹慎させるとともに、慶寧に随行し退却中の家老松平大弐《だいに》に責任を取らせ、近江海津での切腹を命じ、その他の尊王攘夷派の人々を切腹、配流、刎首などで大弾圧したのであった。

この禁門の変における長州の罪を糾弾すべく、変直後の八月に加賀藩は幕府から長州征伐のための山陰道討手を命じられたが、その後取り消された(32)。しかし、この変で世嗣慶寧が幕命を無視して退京したことで幕府に負い目を感じていた加賀藩は、十月に長州藩征伐従軍を幕府に乞い、十一月初旬に征長軍への参加を幕府から命じられた(33)。このようなことから、発機丸は長州征伐に絡んで重要な任務を遂行する役目を担わせられることになる。

まず発機丸は、いち早く長州に軍を送る役目を担った隣の越前藩のために貸し出されることとなり、艦将であった岡田は発機丸を大坂に回送、越前藩の要望に応え、豊前(福岡県)まで航海し、大坂に帰った(34)が、その後、藩老長連恭《つらやす》(大隅守)が率いる藩兵の輸送に当たる。京都の宿営建仁寺に勢揃いした五八〇余名の加賀藩の征長軍が出陣したのは十一月二十八日(35)。京伏見から淀川を下り、翌日の明け方に大坂に到着、北天満の興正寺を宿営とした。総勢の内の一五〇人余りが藩老長連恭に従って発機丸に乗り込むことになり、他は四千人ほどに膨れ上がった軍勢とともに安治川渡海船に乗り込み、十二月四日に長州にむかった(36)。

一方、天保山沖で待つ岡田が率いる発機丸は、五日に荷物を積み込み、藩老長連恭らを待ったが風波高く、予定が伸びて七日明け方に長らは興正寺を出立、淀屋橋爪で小船に乗り、その後発機丸に乗り込み出港した。しかし、航海は天候に恵まれない日が多く、ようやく目的地の芸州（広島）江波村に上陸し、宿陣の海宝寺に落ち着いたのは十二月十四日であった(37)。

十二月二十四日、長州藩は罪に復したため、藩老長連恭に率いられた藩兵は、翌年慶応元年正月に発機丸によって大坂に還航したが、この大坂までの任務を終えたあと、艦将の岡田は、まもなく国許《くにもと》に帰るよう命じられ、陸路で帰藩した(38)。

しかし、その後、発機丸の蒸気機関は何度かの故障に見舞われ、その都度機関方（蒸気方）を悩ましたが、岡田が去った後の慶応元年（一八六五）のはじめに蒸気機関部を自力で修復できないような大故障を引き起こした。そのため、帆船として、いくらかの航行はできたものの、汽走帆船としてはきわめて深刻な状況で、その窮地は岡田が去った後の最高責任者であった安井によって藩に伝えられ、帰藩していた岡田も度々の故障で発機丸が大幅な修理が必要なことを藩首脳に伝えていたと思われる。

蒸気機関の大規模修理のため長崎へ

藩はこのような事態に対応するため、帰藩した岡田に代わる艦将（船長）にこの年の二月に御郡《おこおり》奉行から軍艦奉行に転じていた金谷与十郎を任命し、兵庫沖に停泊中の発機丸を長崎で修復する修理方御用の職務を与えた(39)。金谷の船長任命と同時に安井は、発機丸の艦将の任を解かれて、岡田の後を追うように国許に帰ったと思われる。金谷は慶応元年（一八六五）三月二十五日に金沢を出発、四月七日に兵庫沖の発機丸に乗り込んだ。三日後の四月十日に出航、長崎港には五月二日に到着した。

直ちに奉行所に修復したいことを願い出た金谷の願いを聞いた製鉄所の役人や雇われていたオランダ人技師のレイミンなどが早速発機丸の調査に訪れてくれた。この長崎製鉄所（後長崎造船所）は幕府によって安政四年（一八五七）にオランダ人ハルデスの指導で建設されたもので、幕末、明治初年においては横須賀製鉄所（後横須賀造船所）と並び称される造船技術を持っていた施設であるが、横須賀製鉄所の完成は、慶応元年の秋口であったから、当時は、蒸気機関の大規模な修復は、長崎でしか叶わなかったのである。

発機丸を調査したオランダ人技師の言うには、故障している蒸気機関部を艦から取り外し、陸揚げして丁寧に修復すれば五、六年は大丈夫であるが、陸揚げせずに艦内で応急措置として修繕するのではあれば、一年ほどして故障し、また修復が必要となるだろうとのことであった。結果的には、このオランダ技師の見立ては間違っていたのであるが、蒸気機関に十分な知識を持たない発機丸の乗組員は、彼らの言葉を信じるしかなかった。

陸揚げすれば修復に要するに日数がかかることは目に見えており、しかし、手間をかけずに艦内で修復すれば一年もすればまた故障するということで、困った金谷は、主だった乗組員と如何にすべきかを相談したが、遠い長崎まで来て一年ほどしか持たない修理であっては詮無いことであるから、時間をかけても陸揚げして修理してもらうべきだとの大方の意見に従って、そのように措置することを製鉄所に願った。

さて、二人の鍛冶職人が連日発機丸にやって来てケイトル（オランダ語の stoom《ストム》 ketel《ケイトル》＝蒸気釜のことであるが蒸気機関部全体を指したものであろう）の取り外し作業を続けたもの、何分にも二人の職人でははかばかしく仕事は進まず、閏五月十日過ぎにようやく取り外しが完了した。そこで製鉄所から停泊中のオランダの商船に依頼してケイトルを陸揚げすることにして、商船の船長に交渉したのであるが、発機丸のケイトルを観察した船長は、巨大で揚げられそうにもないと断られる始末。

やむなく製鉄所は、丈夫な港の桟橋に又字木（又という字の象形のごとく三本指を立てたような形の股木）を立て、そこへ発機丸を引き寄せ、ケイトルを釣り上げることにしたが、長い又字木の調達ができず、陸揚げは延ばされ、ようやくその調達が出来て、二十三日に陸揚げを行うことが決定した。しかし、今度は前日になって、製鉄所のオランダ技師フレイデンベルクの計算間違いから又字木が短すぎることが分かり、一、二日作業を伸ばし、又字木の下に石を積んで高くしなければならなくなった。

作業が遅れイライラしている発機丸の乗組員は、「遠い国からわざわざ召し抱えたオランダ人の技師たちは、母国で人選されて来日した者であるはずだから、このような計算を精密に算出できるはずである。このような長短の測量に誤りを犯すような綿密さに欠ける雑な対応では、ケイトルを吊り上げた途中で支障が生じたり、吊紐が切れてケイトルが落下することにもなりかねない。そんなことにでもなったら、発機丸の船底は破れ、浸水することになり、その上作業中の人々も怪我をしてしまう」と、製鉄所とオランダ人技師の作業に不満と不安を募らせた。

このような乗組員たちの意見を聞き、船長の金谷はオランダ人技師の考えのもとで行おうとしている作業に危険を感ずることを製鉄所側に伝え、その上で、これまでの作業のやり方は素人も同然で、やり損じて船全体が用をなさぬように壊れてしまっては後の祭りであるから、又字木の丈夫な物が調達できず、しっかり作業ができる確証が得られないということならば、強いて陸揚げをしないで、艦内で修復することに変更したいと申し出た。

この金谷の意見に対して、製鉄所の役人たちはオランダ人技師のフレイデンベルクを交えて協議したが、フレイデンベルクは、「請け負う、案じることはない、陸揚げをして見せる、何事も任せてほしい」と主張したので、金谷は危ういこととは思いながらも、しぶしぶ同意せざるを得なかった。

しかし、二十六日になってもケイトルを吊り上げる作業は始められず、どうしたものかその日から数人の職人がやってきて急にケイトルを囲んでいる外側の鉄板の片側を取りはずし始め、深夜にその作業を終え、いよいよ二十七日の朝に発機丸を岸に引きよせ吊り上げ作業を始めたが、少しも持ち上げられず、その後、四挺の万力をケイトルの焚口の四方に掛け、吊り上げたところ、ようやく五、六寸（十五〜十八センチメートル）ほど持ち上がったものの、恐れていた通り引き綱が切れケイトルは落下してしまった。

わずかな高さからの落下ではあったが、発機丸は地響きを立てて相当に揺れたが船底を破損することはなく、また、乗組員にも怪我をした者はなかったのは幸いであった。ただ、製鉄所に雇われた二人の人夫の内、一人は気絶してしまい、もう一人は足を痛めたのは気の毒であった。

面目が潰れたフレイデンベルクらオランダ人の技師たちが言うには「長崎に入港しているオランダの軍艦には、このような作業に優れた能力を持つ者がいると思われるので、そのような人の意見を聞いた上で、後日、再度陸揚げに取り掛かることにする」とのことで、この日の作業はこれまでとし、発機丸は岸から離された。金谷をはじめ発機丸の乗組員たちは、自分たちが心配した通りの結果となり、製鉄所とオランダ人の技師たちの能力に不安を一層強く感じ、彼らに任せきりにすることは出来ないと思い始めた。

お手上げ状態となった機関部の修復

金谷と発機丸の乗組員たちは議論を重ねた結果、陸揚げでの修理は、甚だおぼつかないと思わざるを得ず、ケイトルを陸揚げせずに発機丸の中に備え置いて修復すべきであるとの思いを強くした。その矢先の六月二日に、彼らのもとに思わぬ人物が訪ねてきた。グラバーと彼が連れてきた二人のイギリス人である。よく聞いてみると彼ら三人が発機丸にやってきたのは、製鉄所から発機丸のケイトルの陸揚げを彼らの持ち船で行ってほしいと依頼されたとのことで、グラバーに同行したイギリス人の内の一人は、発機丸を製造した時に、蒸気方を務めた役人で、発機丸の蒸気機関については熟知しているということであった。

さて、発機丸の機関部を調査したグラバーたちの話を聞き、金谷は驚きあきれた。彼らが言うには発機丸のケイトルは、イギリスで新しく開発され、初めて製造したもので、発機丸以外に同種の蒸気機器はない。グラバーですら初めて見る機器で、オランダ人も知らないはずであるというのだ。それに続けて、また彼らが言うには、このケイトルは、陸揚げして修復するようなものではない。そもそも軍艦のケイトルなどというものは重要なもので、陸揚げなど容易にはしないものである。陸揚げしたとしても、十分手入れができるといったものでもない。また、陸揚げしてもケイトルの内側は広くなるわけでもない、わずかに外側の仕事が自由にできると言うだけである。このようにネジを切ってしまい、ことごとく手荒く外側の鉄板を取り外しては、今更元に戻すことも容易ではない。これから修理を始めても五・六カ月は必要であり、このようなことは能力のある熟練者のすることではないとまで言うのであった。

発機丸をよく知るというイギリス人のこの見解を金谷と乗組員たちは道理にかなっていると考え、ケイトルの陸揚げは断り、艦内で修復をすることを願ったのであったが、このような事態になっても、フレイデンベルクは、大きなイギリス船を調達して吊り上げれば危険はなく、職人たちには夜中まで仕事をさせ、一カ月半で完全に修復するから任せてくれと製鉄所に強く申し入れていた。

加賀藩側からの申し入れとオランダ技師たちの言い分の板挟みになって製鉄所の調理役などの役人が困っているとの様子を耳にした金谷は、発機丸の乗組員とも相談した。金谷らが心配したのは、艦内での修復を強く求めた時に、相手に悪い印象を与え、修復が円滑に行われず、かえって停泊期間が延びるのではないかということであった。そこで発機丸側としては、オランダ側の話を入念に聞いたうえで、今一度陸揚げすることに同意し、もし、失敗したらその時には、艦内での修復を強く求めることにして、今回は強引に自説を押し通すことを控えることにした。

作業の再開は六月十日の朝から始められた。三本の帆を有するイギリスの大きな鉄鋼商船が到着し、発機丸はその大船に引きよせられ、二筋の鉄の綱を使って吊り上げに取りかかった。金谷は綱が細くて危ういと注意したが、技師たちはこの綱はイギリス製できわめて丈夫に作られており大丈夫であると答え、作業を続けた。金谷の不安は現実となり、案の上、ケイトルは重くて吊り上がらず、綱は見事に切れてしまい、金谷はそれ見たことかとばかりに、綱を強化するよう申し入れたところ、今度は、グラバーの会社から強力な大綱を取りよせ、二条にして吊り上げたが、また綱が切れてしまった。

しかし、オランダの技師が吊り上げた前の時のようにケイトルは船底に落下することはなかった。それは、イギリス人技師がある程度吊り上げた時点で四方に木をかませてつくばりをしていたからで、ケイトルの下に潜り込んでいたイギリス人もいたが、怪我をすることはなかった。しかし発機丸は二尺（約六〇センチ）ばかりも海中に引きこまれ、イギリスの商船は大きく揺れた。

二度も綱が切れたにも関わらず、切れた綱を繋ぎとめて再び吊り上げようとするのを見て、金谷は、製鉄所の役人に「やり方の改善もしないで、再び吊り上げるのは危険極まりなく、発機丸が破損することや、怪我人が出ることの心配もしないのは納得できない」と申し立てたところ、役人はもっともだと応じ、通訳を通して船長に申し入れをしたが、イギリス人たちは承知せず、「西洋では一旦頼まれたことを完遂できないのは恥辱である」と言い返えされる始末。

綱が切れたことを反省もせず、吊り上げの方法も改善しないで、事を運ぼうとするのを見て、驚いた金谷は、二、三尺ほどもケイトルを吊り上げ、前と同じように落下すれば、発機丸は破裂して浸水することは明らかだとの恐れから、たとえイギリス人たちの恥辱になろうと、自分が藩主から預かっている発機丸を目の前で破裂して用をなさないような船にしてしまうことが推察できるのに、差し止めもしなかったとあれば、諸藩の風説の餌食になり、外国にもあなどられかねないので、ここは自分一心の覚悟が必要であると思い、グラバーを呼び寄せ、支援を求めるために関沢孝三郎をグラバーのもとへ遣わした。

到着したグラバーに金谷は、自分の心配を伝え、続けて「吊りかかったので、吊り上げることをやめることができないというのが西洋のしきたりと言うなら、発機丸の重要な書物などを残らず陸挙げして、船を空っぽにしてしばらく様子を見たい。このまま吊り上げれば、綱が切れて水浸しになるのは目に見える、あなたの国の法は如何なる物かは知らぬが、我が国においては、二、三、四度の失敗にも反省することなく、その上預かった船を破裂させてしまった場合には、割腹して詫びなければならない。それでも構わず吊り上げるというのか」と詰め寄った。

金谷の剣幕に困惑したグラバーは吊り上げることの中止を承知したので、発機丸をもとのように引き離して錨をおろした。製鉄所の役人達も度々の失敗で、甚だ気の毒に思っていたので、金谷の言うことももっともであると思い、「どうかこの上は、艦中での修復をよろしくお願いしたい」との金谷の願いに快く同意して、一件は落着した。

グラバーによる李百里丸の売り込み

さて、ケイトルの吊り上げの一件は決着したものの、発機丸のケイトルについてオランダ人技師たちが仕組みを承知しておらず、陸揚げしないで修復すべきなのを強いて陸揚げすることにして、ネジなど取り外し、綱が切れてはケイトルが傾いて落ちたため、艦内で修復するにしても、もとの位置に据え置くことすら難しく、容易なことではない状況を見て、船長の金谷は、製鉄所は今後どのように対策を講ずるつもりであろうかと心配が募るばかりであった。

しばらくして、金谷の窮状を見かね心から気の毒に思ったのか、それとも目ざとく商売になると思ってのことか、グラバーが、軍艦の買い替えを勧めてきた。少し前に加賀藩は、グラバーから啓明丸という輸送船を買っており(40)、武器類の購入についても接触していたので、彼は加賀藩の内情についていくらかの知識を持っていたのである。

グラバーが売り込んできた船は、鉄鋼汽走帆船で長さがおよそ四十間(約七二メートル)余り、幅が八間(約十四・五メートル)ばかり、出力三五〇馬力で、和船の四千石積みばかりに相当し、三本帆を備え、三階造りで、上段に七，八門ばかりの大砲を備え、戦時では兵を輸送する軍艦で、一隊ばかりの兵、すなわち七〇〇人ばかりが乗りこめるという。イギリス政府の持ち船で、売ることは差し障りがなく、買うことを望む者がいないかと渡海したのだという。

売却金額は、発機丸を下取りにすれば八万ドル、下取りなしなら十万五千ドルで、発機丸は無償で上海まで曳航し、新品同様にし、修復料はとらず、このほかに十二斤の大砲一門、四十斤の大砲一門を備えることにするという。代金は契約時に半額、残りは来年中で良いとのことであった。早速、関沢孝三郎ら数人がこの船を見学、船は八年前というから、安政四年（一八五七）に建造されたものであるが、ケイトルなどの機械は新式で、請け合い証文もあり、たしかな船であることが確認できた。

ここに記したこの船の様々な規格などは、「東西風説補遺」に見える慶応元年（一八六五）六月十三日付けの藩に対する金谷の上申書からの引用である。この船の売買取引がまとまり、同年の十月に藩がオランダ商人ロレイロから買い入れ、李百里丸（原名サーハリパルタないしサーハラリパルク）と名づけられたと考えるのが妥当であると思えるが、多少疑問も残る。というのは、買い入れた時の「覚書」や「御家録方日記」に見える明治新政府が成立して間もない明治元年（一八六八）五月二十日に藩が求めに応じて軍務官に提出した記録(41)などと、建造年代や船の大きさ、出力などに大きな違いがあるからである。

これら史料に記されている李百里丸は、建造年代は文久二年（一八六二）、船の大きさは長さ三四間（約六一・二メートル）、幅五間（約九メートル）、出力は一一〇馬力と、大砲などの装備はないことになっており、金谷の上申書より、建造年代は五年ばかり新しいが、やや小ぶりの船となっている。グラバーに話が持ち込まれ、関沢らが見分した際に示された船の規格や建造年代が曖昧なものであったにすぎないと言ってしまえば、それまでだが、最初に紹介された船と購入した李百里丸は、全く別の船であったという大胆な見方も出来る。だか、そのような曖昧さを整理し、提示できる史料を私は今のところ目にしない。

それはさておき、金谷は、藩でこの船の購入をするのが良い策であると考え、書面をしたためて藩の決断を仰ぐことにした。彼はまず、長崎に到着してからの修復の経緯の詳細を記し、たとえ事の始まりがオランダの技師たちの見込み違いであったとしても、自分の最初の交渉が不行き届きであったことを詫びた後、次のように続けた。

「発機丸の修復の完成は何カ月かかるかもわからず、際限もないありさまで、いたずらに月日を費やし申し訳ないことであります。当時節柄、殿様が上洛されるとうかがっていますが、故障がなければ発機丸は、天保山あたりに停泊し、何かと御用に役立つはずでしたが、廃船も同様の状況で何とも恐れ多いことであります。そこで、人々といろいろと協議をしたところ、藩では、追々軍船を拡大していくお考えと伺っておりますので、蒸気船一隻だけでは急な運用方には心もとなく、発機丸は、今の様子では製鉄所において損じたケイトルを艦中にて修復したのでは、十分に手入れはできないと思われ、数日にしてまた故障してしまうかもしれず、覚束ないことであります。

上海あるいは香港の港で修復するべきかとも思いますが、一旦長崎での修復を願ったので、たとえ一年も修復にかかることがあっても製鉄所に頼むしかなかろうと思います。万一製鉄所の方で、長崎より上海などへ遣わせるとのことになることも詮議され、そのように決定することになるかもしれません。でも、今時の時勢では、一年ばかりも修復が終わるのを待ち、軍艦のないようなことはできないと思われます。何時軍艦が必要になるかは計り難い西国の形勢で、追々海軍などの調査もあるはずで、諸藩の長崎港に錨をおろしている軍艦も四、五隻もあり、探索人、書生など多く来ています。

外国船は二四、五隻も入港しており、今般の発機丸の修復の様子を仔細に見聞しており、且つ、長崎風説には、発機丸の入港のことは、修復のことのみならず、大小銃砲までも買い上げるなどと申しています。考えますに、発機丸の長崎入港後、しばらくして藩は啓明丸を買い上げになり、小銃の交渉をしたからでしょう。藤堂様は去る冬ミニーゲヘール銃千挺、先月又千挺、越前様軍艦一隻、薩摩様今日三本帆一隻、そのほか大小銃数百挺買い上げ、小倉様は、アメリカの新発明のスペンセール元込騎銃三十挺、一挺四五両二歩宛てに買い揚げ、アームストロング銃一門お買い上げになり、軍艦もお求めなされるそうであります。

然るに発機丸は、修復に失敗し、後に入港した阿波藩の軍艦は修復が先に出来上がったのに、いたしかたなく、数月間も停泊し、冬を越してしまいその上、修復できるか否かもわからず、手段付き果て、上海などで修復することになれば、私ども本当に申し訳なく、外国人までも軽蔑され、外聞にも拘り、甚だ心痛、昼夜眠ることもできないありさまであります」

と綴った後に、グラバーからの先述した提案の詳細を紹介して、さらに続けて、

「発機丸の修復は、先述の通り首尾よくいきそうにもなく、恐れながら長崎での外見もあるので、この船をお買い上げになって、発機丸は下取りしてもらえば好都合であるというのが全員の考えであります。この軍艦は多く乗り込むことができ、軍法など厳しく、運用の稽古、帆の上げ下ろし、大小銃の演習など様々なことがありますが、その規則を練習し一年もしてこの軍艦に移ればよいと思われます。様々な説明を聞くにつけ実に無類の艦であると思えます。代金は八万ドルですが、今は二万ドル支払い、残りは来春から追々渡すことにすれば、さしたる負担にはなりません。その上、軍備の強化になり、臨時の節に海路で大人数を繰り出さねばならない時には、七、八百人を荷物とともに積み込めるので、荷物を運ぶための人足を調達する煩わしさもなく、大変便利であると思われます。且つ、平生は軍の規律を損なわない程度に産物などを積み込んで輸送すれば船が大きいが故に、発機丸と違い半分か、三分の一の経費で済み、水夫、蒸気方釜焚きなど四、五十人の増員、士官も大砲や小銃の上手な者四、五人ほど増員、試験的に航海の兵士を二〇人ほど取り立て、それぞれ海軍の規則

をもうけ、兵士などを整備すれば、実に海軍を創設する元にもなると考えます。乗員や海軍に関心を持つ人々の学事の推進の良い機会にもなるとも考えます。修復で製鉄所に預かっている発機丸のことについては、製鉄所の取り計らいは模様次第でありますので、急いで藩の方で御詮議いただき指図を頂きたいと思います。しかしながら、遠路のことで往復に日数も懸ることから、グラバーの方は、三十日間は待つが、それを過ぎれば他に購入を望むものがあれば、売り払うとのことでありますので、一日も早く買い上げることの指図を頂きたく思います。もし、この艦が出帆しても、藩の御審議で、軍艦買い上げのお指図を頂くことが出来るならば、長崎の港では如何様にも相談できますので、この艦に限らずとも可能でありま す。このようなことになれば、発機丸より毎日の費用が増加しますが、船は大きければ大きいほど費用の割に利益が挙がりますので、下積みの運送費用を計算すれば格別に多くなることもなく、輸送能力などは発機丸の二倍になります。発機丸の修復については先述の通り申してきたとおりでありますが、今後、製鉄所でどのような工夫をされるか解りませんが、まず、私どもとしてはこのようにするしかいい考えがなく、藩で軍艦をお買い上げくだされば、外見も良く、私が出府して詳細を説明すれば良いのですが、今は長崎を離れることができない状態なので、運用方棟取りの関沢孝三郎、留書の根岸仙太郎を遣わしますので、詳細をお尋ねになり、急いで御指図ください」

と一足早く帰藩していた安井和介ら三人の軍艦奉行に宛てた書簡を関沢に託した。

錫懐丸《しゃっかいまる》と改名し内乱での酷使で軍籍離脱

金谷に命じられ、関沢は六月十三日に長崎から金沢に向かった。京都に到着したのが七月二日。タイミング良く藩主斉泰は、幕府の命により、この年の閏五月二日に上洛のために金沢を発し、二度の参内をはじめ、一通りの仕事を終えて、六月末に帰国が許され、九日に帰国の途につくべく準備を整えていた時期であった。金谷の申告をもとに京都で開かれた重臣会議で軍艦の購入は同七日に即決され(42)、まずは一万両が直ちに用立てられ、大坂の蔵屋敷あたりから長崎に運ばれる手筈も整い、この回答を以って関沢は長崎へとトンボがえりをした。

さて、発機丸のその後であるが、幕府が倒壊し、明治の世が明けた明治元年（一八六八）五月二十二日、加賀藩は新政府の軍務官の命令で、藩が所有する軍艦に関する調査(43)に応じている。その中の一隻に発機丸と同じ原名、すなわちシティー・オブ・ハンカウと名乗り、建造年も発機丸と同じ西暦一八五八年、大きさも幅二四尺（約七・二メートル）、長さ一六二尺（約四八・六メートル）、出力七五馬力、排水量二五〇トンと発機丸と全く同じ軍艦の存在が知れる。艦名は錫懐丸と名乗りを変えている。

まず、李百里丸の売買交渉の際に、グラバーが示した条件は、先述したように、「発機丸を下取りに提供すれば八万ドル、下取りしないなら十万五千ドル」という件の「東西風説補遺」の元の記述は、「代料は御艦取荒候儘に下船に遣八万ドル、若下艦不遣候ハヽ、十万五千ドルにて売渡、御艦は無賃にてシャンハイ引船に渡海、新出来同様に差揚け可申、欠而修復料は不請取段」となっている。私は、この文を「李百里丸の売値は、発機丸を下取りに提供すというのであれば八万ドル、もし発機丸を手放さないというのであれば、十万五千ドルで、この値で買ってくれるのであれば、発機丸を上海まで曳航し、新品同様にして藩にお返し、運搬料も修復料も無料とする」と理解したのであるが、この理解が間違っていれば論外であるが、正しいとすれば、藩は発機丸を手放さず、十万五千ドルで李百里丸を買うことにしたのではないだろうか。

それは、翌年の慶応二年（一八六六）には、すでに錫懐丸と改名していたとする説もあり、また、当時、藩が海軍力の強化を目指しており、軍艦は何隻でも欲しく、発機丸を手放すことはあるまいと思われること、また、下取りとして提供し、再び藩の物としたのであれば、この発機丸が、修復を終えて上海から国許に帰ってきた時期やその際の支払金額が記録として残るはずであるが、そのような史料に出くわさないからである。すなわち、イギリスの手を借り上海に曳航された発機丸は、加賀藩の保有する軍艦として、上海で新しい蒸気機関部を備えた後に、約束通り藩に帰ってきて、艦名も新たに錫懐丸と名乗ることになったと思われる。

しかし、これはあくまでも推論であって、上海で修復を終えた発機丸が国許に帰ってきた時期やその際の支払金額が明確になれば、発機丸が李百里丸購入に絡んでイギリスに下取りされ、修理を終えた後に再び加賀藩に買い戻されたということもあり得ないことではない。

間もなく慶応四年（一八六八、明治元年）年始めから鳥羽・伏見の戦いで戦端が開かれた戊辰戦争において、遅ればせながら官軍支持の立場に立ち、北越戦争に参加した加賀藩は、新政府から保有の軍艦などの船舶を大坂、兵庫の港に派遣して、官軍の兵士や兵糧を輸送するように命じられたので、錫懐丸も李百里丸など藩保有の他の軍艦と協力しながらその任に当たった。

明治元年（一八六八）六月二十七日、加賀藩の京都詰の聞番が新政府の軍務官に呼ばれ、兵庫に停泊している蒸気船を長州に入港させ、兵を乗り込ませて迅速に越後表に送るよう命じられた(44)。これに対応して錫懐丸は、任務を遂行したが、戦時対応とあって悪天候の中、無理な航海が重なり、度々強風と高波に襲われ、その都度、七尾に帰り、応急の修理をしながら七尾や伏木から北越への兵糧や弾薬などの輸送に当たったものの、越後松ケ崎沖で悪天候に見舞われケイトルを破損し、軍用に使用できない状況に陥り、同年八月十七日に、北越への軍用品輸送の急用に対応して速やかに敦賀港に向かうよう越後総督府に要請されたが、この任務を遂行することは出来なかった(45)。そこで艦将の田村栄二郎は発機丸の海軍御用を免じる願書を提出し、許可され軍籍を離れ、軍艦としての生命を閉じることになった(46)。

その後、軍艦としての役目を終えた錫懐丸は、半官半民の形で作られた商社に所属し、一般物資の輸送に当たった。この商社というのは、明治二年（一八六九）二月に新政府が設置した通商司のもとに組織した通商会社、為替会社をモデルに、同年秋頃に加賀藩が藩内の商人たちに米穀商社、苧紵商社などの結成を奨励し、産業振興を図ろうとしたものであるが、錫懐丸は廻漕商社あたりに所属したのではなかろうか。

しかし、明治四年（一八七一）四月二十三日のこととして、錫懐丸は商社持ちの名義にして粟崎の豪商である木谷藤十郎らに払い下げ、諸費を藩の会計掛が弁じ、関沢孝三郎の兄安太郎が中心となって運用していたが、彼がこの年の三月八日に柄の津で自殺して以後は、彼に代わる人材もなく運用の見込みもないことから、これまでの出費は見捨てておくことにし、兵庫辺りで売り払う決定をしたと記録に見える(47)。

また、同月のこととして、徳島藩蜂須賀氏の家臣で、同藩支配の淡路領の城代であった稲田一族と家臣たちが新政府の奨励した北海道への開拓許可を得て、静内に移住して開墾をせんとして、北海道へ航行する便船を求めたが、それがなく困った末に加賀藩に助けを求めてきたので、藩はその求めに快く応じて、錫懐丸を兵庫に差し向け、彼らを北海道に送り届けて兵庫に帰ったという(48)。

この稲田氏の一件と錫懐丸の払い下げの決定は、いずれが先であったかは明確ではないが、おそらく稲田一族の北海道送りが終了し、錫懐丸は七尾の港に帰ることなく明治五年（一八七二）八月に郵便蒸気船会社に売られ、明治八年六月に政府に買い上げられたあと同年九月に郵便汽船三菱会社に売却され、明治十一年、船名も芳野丸として沿岸客船として使われた後に、民間の緒明菊三郎や藤野四郎兵衛という漁業家の持ち船となって、北海道の礼文島の昆布運搬船として使われ、明治三四年（一九〇一）に解体され一生を閉じた(49)。

（注）

（1）前田育徳会『加賀藩史料』（広瀬豊作、昭和三十三年）藩末篇（以下、『史料』と略す）上巻一三六四頁、「寺社方御用日記」

（2）前掲『史料』上巻、一三三〇頁「奥之間示談物等」

（3）前掲『史料』上巻、一三二四頁「覚書」

（4）和田頴太『鮭と鯨と日本人』（成山堂書店、平成六年）四五四頁

（5）金沢市立玉川図書館、加越能文庫「跡戻り記」（十六・五二一―四六）

（6）松島秀太郎「梅鉢海軍の士官たち」（『石川県史学会々誌』第二一号、昭和六十三年）

（7）前掲『史料』上巻、一三六四頁「寺社方御用日記」

（8）前掲『史料』上巻、一三六四頁「上賃屋日家栄帳」

（9）田畑勉「加賀藩の洋式軍艦〈発機丸〉について―その購入と航海をめぐり―（『金沢星稜大学論集』第四十巻」、第三号、平成十九年）

（10）前掲『史料』上巻、六三二頁「公私日記」

(11) 前掲『史料』上巻、六三二頁「御用方手留」
(12) 前掲『史料』上巻、六三六頁「成瀬正居触留」
(13) 前掲『史料』上巻、六九六～六九八頁「公私日記」、「松台遺墨」
(14) 前掲『史料』上巻、九〇〇～九〇七頁「御用方手留」
(15) 日置謙『加能郷土辞彙』（金沢文化協会、昭和十七年、改訂増補、北國新聞社、昭和四十七年）
(16) 前掲『史料』上巻、一二三七～八頁「御用方手留」
(17) 前掲『史料』上巻、一二五二頁「建白書草案綴」
(18) 前掲『史料』上巻、一二八六頁「触留」
(19) 前掲「梅鉢海軍の士官たち」、なお、岡田雄次郎については、前掲加越能文庫「乾州岡田君行状」（十六・三四―一三九）
(20) 前掲『史料』上巻、一三五六頁「触留」
(21) 前掲「乾州岡田君行状」
(22) 前掲『史料』上巻、一五〇四頁「井上如苞手留」、但し日付なし。「跡戻り記」では、日付は十一月六日。『史料』上巻、一四九九頁の「御用方手留」では、十一月五日付けの宿継奉書が藩へ十一月十二日到着。
(23) 前掲　加越能文庫「跡戻り記」、以後の発機丸の動向はこの史料による。
(24) 金沢市立玉川図書館、加越能文庫「発機丸航海日記」（十六・五二―四五）
(25) 金沢市立玉川図書館、加越能文庫「発機丸航海記」（十六・五二―四七）
(26) 前掲『史料』上巻、一五〇六～七頁「奥村栄通手記」
(27) (26)に同じ
(28) 前掲、加越能文庫「恭敏公勤王一件聞書」（特十六・十二―一二九）
(29)「御前言上仕候趣意」（前田土佐守資料館蔵）、『金沢市史』資料編五に全文あり。

(30) 前掲『史料』下巻、七一~七四頁「見聞袋群斗記」
(31) 前掲『史料』下巻、七七~七八頁「公私日記」
(32) 前掲『史料』下巻、一九一、一九八頁「御用方手留」
(33) 前掲『史料』下巻、二二三頁「元治元年御上京一件」
(34) 前掲「乾州岡田君行状」
(35) 前掲『史料』下巻、二四二頁「温敬公記史料」
(36) 前掲『史料』下巻、二三八~九頁「芸州地出張一件」
(37) 前掲『史料』下巻、二七九頁「長氏家譜」
(38) 前掲「乾州岡田君行状」
(39) 前掲『史料』下巻、三九二~九頁「西東風説補遺」、以下の発機丸修復の顛末はすべてこれによる。
(40) 前掲『史料』下巻、三七八頁「御触留」および前掲『加能郷土辞彙』一九〇頁、【軍艦】の項
(41) 前掲『史料』下巻、八五一~二頁「御家録方日記」
(42) 前掲『史料』下巻、四〇八頁「西東風説補遺」
(43) (41)に同じ
(44) 梅桜会『加賀藩艦船小史』(昭和八年)三二頁
(45) 前掲 加越能文庫「家乗」(十六・十一—一—二十)に、「(明治元年八月)十七日、朝廷命シテ我錫懐艦ヲ敦賀港ニ航シ軍務官ノ指令ヲ待タシム、艦ノ毀損ヲ以テ之レヲ辞ス」とあり。
(46) 前掲『加賀藩艦船小史』三四頁
(47) 前掲『史料』下巻、一三二九~三〇頁「御手留」
(48) 前掲『加賀藩艦船小史』三四~三五頁
(49) 前掲『鮭と鯨と日本人』二五三頁、長澤文雄氏のホームページ「なつかしい日本の汽船」による。

二　乗船者群像

発機丸から雄飛した俊傑たち

1
佐野　鼎《かなえ》
発機丸を横浜から国許《くにもと》へ廻航
——遣米使節に加わり見聞録を遺す——

◉「ニューヨークタイムズ」が讃える

万延元年（一八六〇）五月の初旬頃（太陽暦では六月下旬）というから、桜田門外で大老井伊直弼が暗殺された三カ月ほど後の頃の話である。アメリカの多くの人々に強い印象を与えた加賀藩士がいた。名を佐野鼎という。

ほどなく、同年太陽暦の六月二十五日（太陰暦五月七日）の「ニューヨークタイムズ」の紙面に、「ニューヨークにおける日本人」と題する記事が掲載された。その記事の中で、佐野は流暢に英語を使いこなし、まだ日本では知られていないという手話術用のアルファベットを学ぶなど、きわめて知識欲旺盛で、役人の中で最も聡明な人物の一人であると高く評価され、帰国後には、日本人たちにアメリカに関する正しい知識を伝えることが出来る人物であると褒められ、注目されている。

佐野は、そのようなアメリカ人の期待を裏切らなかった。帰国後、佐野はこの時の体験を克明にまとめた見聞録『奉使米行航海日記』を、第十三代加賀藩主前田斉泰《なりやす》に献上している。先述した手話を使った聴覚障害を有する人に対する教育をはじめとする教育関係のほか、軍事・科学・社会・諸国の地誌など様々な分野について丹念に記録したこの見聞録は、現在、金沢市立玉川図書館の近世史料館に蔵され、昭和二十一年（一九四六）には、金沢文化協会により『万延元年訪米日記』として出版もされている。

最後の加賀藩主となる第十四代前田慶寧《よしやす》は、幕末から明治初年にかけて卯辰山を開拓し、養《よう》生《じょう》所（病院）・撫育《ぶいく》所（極貧人収容施設）など福祉施設をいち早く設けたことは、よく知られており、このような慶寧の施策は、福沢諭吉の『西洋事情』に触発されたことによると『稿本金沢市史』は記すが、佐野が『奉使米行航海日記』を献上した頃には、まだ家督を継ぐ前の世嗣《せいし》の立場であったとはいえ、すでに年齢は三十歳に達しており、西洋文明に貪欲な眼差しを向けていた慶寧が、この見聞録を目にしない筈はなく、福祉施設の設置は、この見聞録に触発されたに相違ない。

さて、佐野がアメリカに渡り、「ニューヨークタイムズ」に取り上げられた事情は、言うまでもなく、安政五年（一八五八）に幕府がアメリカとの間で締結した日米修好通商条約批准のために派遣した遣米使節団に加わる幸運を得たことによる。この使節団の一員で、勘定組頭支配普請役という肩書を持つ幕臣益頭駿次郎《ましずしゅんじろう》の従臣というのが佐野に与えられた役目で、高官という立場でなかったことが、かえってアメリカ人に、地位は低い者の中にも、高い能力を有する者がいるということで、強いインパクトを与えたのであろう。

◉サンフランシスコを目指し、太平洋に乗り出す

正使新見正興《まさおき》を中心に佐野らは、万延元年（一八六〇）一月十八日（太陽暦二月九日）の朝四ッ時というから、今の午前十時頃に築地の軍艦操錬所に集まり、その後、小舟で品川港に停泊するアメリカの軍艦ポーハタン号に乗り移り、八ッ半（午後三時）頃に出航した。「万延」と改元されたのは、この年の陰暦の三月十七日で、後に使節団がサンフランシスコから東海岸を目指してパナマに向け出港した頃で、彼らが出港した時は、「万延」という元号はまだ使われておらず、安政七年ということになる。

その日の夕刻前には横浜港に入り、翌日から横浜の町で買い物などをして過ごすうちに、二十日の夕方から風波が激しくなったため、数人の者が小舟での帰艦が出来なくなり、また、食料とするために買い込んだ牛などを小船に乗せ、人々の忠告を無視してポーハタン号を目指したアメリカ人の水夫が牛もろとも転覆してしまうという事件などがあった。ポーハタン号が錨《いかり》を揚げたのは、同月の二十二日（太陽暦二月十三日）朝六ッ半時（午前七時）であった。

　さて、この視察団の派遣については、当初、日本人の手により太平洋を渡り任務遂行をすることを強く主張したのが勝麟太郎（海舟）であった。この案は幕府首脳に退けられたものの、勝は予備として日本船がアメリカに自力で渡ることの必要を説き、遂にはオランダから買い上げたばかりの汽走帆船咸臨丸《かんりんまる》が航海実習として同行することを幕府首脳に認めさせた。提督木村喜毅《よしたけ》（芥舟《かいしゅう》）、艦長勝麟太郎、提督従者とし参加した福沢諭吉らを乗せた咸臨丸は、ポーハタン号より一足早く一月十三日（太陽暦二月四日）に品川を出港、浦賀にむかい、ポーハタン号が品川を出港し横浜に入港した同月十八日の翌日、すなわち十九日（太陽暦二月十日）に、ポーハタン号に先立ってアメリカを目指し浦賀を出港していた。

　ポーハタン号は、出港後間もなくの一月二十七日、午後から夜中にかけて暴風雨に見舞われ、団長の新見の従者の船室が大きな波により打ち破られ、幸運にも荷物は流されることはなかったものの、すべて潮水に浸かってしまい、また、調理所の近くに置いてあった日本人のための漬物、醤油、酢、味噌などの入った桶や飯櫃《めしびつ》、薪などがすべて流され、翌朝は食事の準備が出来ないような有様で、たとえ、出来たとしても船酔いなどで体調がすぐれず食事を取れるような状況ではなかった。

　このような危険に身を晒《さら》すこともあったが、ポーハタン号は二月二日の夕方には無事に日付変更線を通過した。この暴風雨などをはじめ、これまでの航海は順風に恵まれなかったため、石炭や水の消費量が思いのほか嵩《かさ》み、それらの補充が必要となり、当初の予定にはなかったホノルル港へ二月十四日（太陽暦三月六日）に入港した。翌日の二月十五日、早速、佐野は祖国の友人帰山仙之助に宛てて、航海の苦労、ハワイの印象、ポーハタン号での英語の学習などについて記した手紙をしたため、箱館行きの便にそれを託した。

◉日付変更線とノヲゼルンライトの体験

さて、ハワイまでの航海中で得た日付変更線の知識は、当時の日本人の多くが関心を持ち、様々な人々がこれについて記述している。佐野も同様で、地球を一周すれば、一日が消えてしまうというのは、普通の理であると前置きをして、日付変更線がロンドンの起度から一八〇度のところにあり、自分たちの蹠下《せきか》（足の裏の下）にロンドンが位置すると説明し、日付変更線に関する蘊蓄《うんちく》を長々と記述している。

ホノルルでの滞在が船の修理や石炭の積み込みなど思いのほか長くならざるを得ない状況であったため、使節団一行は上陸し、フランスホテルに宿を定め、二月二十六日（太陽暦三月十八日）まで逗留するが、この間に体験したことや見聞したことの詳細を筆まめに綴っている。

例えば、スコールのために外出には雨具の携行が必要なこと、朝夕に発行する「ニウスペイパア」が、日々の新説を集録し発行するので、奇事新話が早く伝わり、遣米使節一行の目的、奉使の姓名などもこれにより、人々に紹介されていること、ハワイは、カメハメハ王によって統治されており、王に使節団が謁見《えっけん》したこと、ハワイを去るに当たり、使節団は前日に船内にカメハメハ王を招き送別の会を開催したことなどである。このような日々の体験の記録のほか、滞在中に得たと思われる知識、すなわちハワイ島の位置、気候、人口、政治、産物、家屋、風俗についての記述も詳細である。

二月二十七日（太陽暦三月十九日）八ッ時（午後二時）、使節一行を乗せたポーハタン号は、ホノルルを出港し、三月九日（太陽暦三月三十日）四ッ時（午前十時）にサンフランシスコに錨を下した。この十二日間の記録は、船の位置や天候などを記すのみであるが、三月八日の深夜八ッ時（午前二時）頃に見たオーロラはよほど印象が深かったとみえ、「北方に月の昇るときの如きものを見ること半時許《ばかり》。何ものたるを知らず、甚だ怪とす。翌日之を米人に問ふに、彼答えていはく、これノヲゼルンライト（北方の光明の義）なりと」と記し、そのような現象の起こることなどに関して得た知識を紹介するとともに、この知識は、ポーハタン号で佐野らが英語の特訓を受けた牧師、ヘンリー・ウッドから得たものであると述べている。

◉佐野も一目置いたトミーと呼ばれた少年

このヘンリー・ウッドに英語を学んだ日本人の中に一人の少年がいた。英会話についてはいくらか自信を持ち、より上達を目指してヘンリー・ウッドに学んでいた佐野であったが、アメリカの船員たちからトミーの愛称で可愛がられていたこの少年の会話力には驚いた。この少年は、長じて金沢中学東校の教授として赴任する長野桂次郎《けいじろう》という人物であるが、まずは、彼が少年ながら如何にして英語を身につけたか、また、如何なる素性で、トミーと称されたのは何故かなどについて紹介しておこう。

長野桂次郎は、天保十四年九月十六日（太陽暦一八四三年十月九日）、江戸小石川の小日向馬場東横町（新宿区東五軒町）で、学問好きで能吏であった直参旗本の父小花和度正《こはなわなりまさ》と直参御小姓組米田《こめだ》藤太郎正廣の娘である母クルの次男として生まれた。

しかし、桂次郎は病弱であったため、幕府に出生を届けることなく、三歳の時に松戸の百姓横尾金蔵のもとに里子に出され、横尾為八《ためはち》と名乗っていたが、無事成長し、十三歳の頃に母の実家の米田猪一郎の養子となり米田為八と名乗りを変えた。

また、母の弟、すなわち桂次郎の叔父立石得十郎は、語学に関する高い能力を買われ、長崎の通詞である立石家に入り、和蘭《オランダ》通詞を生業《なりわい》としていた人物で、嘉永六年（一八五三）にペリーが来航した際には彼らの応接に当たった。安政二年（一八五五）、得十郎が下田奉行の所属となり下田に住むようになると、桂次郎（為八）は、その家に住み込み本格的にオランダ語を学び始め、また、森山栄之助という人物から英語も学んだ。

安政四年（一八五七）正月、幕府は下田奉行に対して、立石得十郎やその倅《せがれ》などに下田駐在のアメリカ人が英語を伝授するので、参加することを勧める布達をしているが、おそらく桂次郎は、叔父得十郎にオランダ語、英語を学ぶほか、下田で、アメリカ総領事ハリスや彼の通訳であったオランダ人ヒュースケンから英語を学んだと思われる。

　また、翌年の七月、幕府がイギリス人フレッチェルなどを雇い長崎に英語伝授所を開設し、土地の通詞や役人に英語を教えたが、桂次郎はこの地に在住する姉の寿賀《すが》を頼って、この英語伝授所に入学した。しかし、かれは生徒と言うより、教授の助手を勤める力量を既に備えていたという。

　その後、桂次郎は、安政六年五月、神奈川運上所（港の税関）の通弁見習に採用されたが、この年九月、日米修好通商条約批准のための遣米使節を派遣することが決定、これに通訳として参加することとなった叔父立石得十郎を説得して同行することを願った。そこで叔父の立石は、桂次郎を自分の息子に仕立て上げ、名前も立石斧次郎ということにして同行を願い出る上申書を提出するなど奔走し、許可を取り付け、無給の見習通詞となり一行に加わるという桂次郎の夢を叶えてくれたのであった。桂次郎が満十六歳の出来事である。

　また、桂次郎がトミーと愛称されたのは、叔父の得十郎が、彼の幼名が為八であったことからポーハタン号の船上で「ためー」、「ためー」と呼んでいるのを聞いて、同艦の檣楼《しょうろう》（マストの上部にある物見やぐら）長が得十郎同様、桂次郎を「トミー」、「トミー」と呼び始めたことによるらしい。

◉パナマ地峡を汽車で横断

さて、同じ頃に日本を発した咸臨丸は、ポーハタン号がホノルルを発する前日の二月二十六日（太陽暦三月十八日）に無事サンフランシスコに到着していた。ポーハタン号より二週間ばかりも早いサンフランシスコ到着で、佐野らがサンフランシスコに到着した時には、破損修理のために、サクラメント河の上流にある海軍造船場に繋がれていた。そのためポーハタン号は再び錨を揚げ、造船場に向い、八ッ半（午後三時）に咸臨丸のもとへ到着した。

翌日、咸臨丸の提督木村喜毅、艦長勝麟太郎らがポーハタン号を訪れ、打ち合わせを行い、行政府を訪問するなどの諸事を終え、造船場で石炭を積み終えたポーハタン号が、咸臨丸の乗組員に別れを告げ、パナマ港を目指してサンフランシスコ港を離れたのは三月十八日（太陽暦四月八日）の夕七ッ半時（午後五時）であった。出港を目前にした三月十六日、佐野はサンフランシスコに入港する前日の三月八日に洋上で書いた友人帰山仙之助宛の手紙を、咸臨丸の帰りの便に託するために斎藤留蔵なる人物に渡した。

一方、咸臨丸は閏三月十五日（太陽暦五月五日）に帰路につき、途中ハワイでカメハメハ王に謁見、五月五日（太陽暦六月二十三日）に浦賀に帰着した。

閏三月五日（太陽暦四月二十五日）、ポーハタン号は、パナマ港に入港した。前日の夜は、これまで苦楽を共にしてきたアメリカ人たちが別れを惜しんで日本人の部屋を訪れ、生まれ故郷のワシントンに着いたならば、自分の家族を訪問するよう懇願し、中には家族にあてた手紙を託した者もいた。パナマは、この頃コロンビアの一部であり、パナマ運河も完成していない。パナマの独立は明治三十六年（一九〇三）のことであり、運河の開通は大正三年（一九一四）のことである。それゆえ、カリブ海側に出るには、この地の地峡を西暦一八五五年、すなわち安政二年にアメリカが敷設した蒸気による鉄路で横断したのである。翌閏三月六日（太陽暦四月二十六日）六ッ時半（午前七時）に小火輪船《かりんせん》に乗りポーハタン号に別れを告げた佐野らは、市街に上陸、現地人や在留欧米人の見物人でごった返す中を進み、歩兵二〇〇人ほどによって守られた駅舎から、蒸気車に乗り込み、同日四ッ半時（午前十一時）頃にコロン（当時はアスピンウォル）に到着した。

この間、すべてのことに好奇の目を向けていた佐野は、乗車した蒸気機関車やそれに連なった五輌の客車の規模や機能、鉄道に並列して並ぶ電柱とテレガラーフ（電話）の機能、車外の風物、昼食の料理など、おそらくは他人に尋ねて得た知識も踏まえ、詳細に記録している。特に興味深いのは、車窓から見える様々な物を挙げながら、汽車のスピードが速いために、仔細に注目することはできないとその速さに驚いた様子、窓はあるものの、暑いためにおそらく閉じることはなかったと見え、走行中は前面から風を生じて大いに涼しいが、眼に塵埃《じんあい》が入るのには当惑、日本人以外の乗客が眼鏡を用意していることを興味深く語っている。また、昼食をとった頃の気温は華氏九五度と言うから摂氏三五度であったが、この暑さをいやすために合衆国の北部の山岳から切り取り船で運んだ氷があり、これをフランス産の葡萄酒に加えて飲めば、はなはだ清涼を覚え、喉の渇きも癒え、暑い季節には良剤で、人々は皆これを飲み、食事をすると記している。

アスピンウォル港には、出迎えのアメリカ蒸気軍艦ローノーク号が使節団一行のために差し向けられ、ペリーとともに日本に来たことのあるマクルーニー提督、ガードナー艦長などをはじめとする幹部たちが使節団一行をにこやかに迎えてくれた。

この軍艦は、長さは五二間（約九四メートル）ばかり、幅は五間（九メートル）弱、三四〇〇トンであったというから、長さが約八五メートル、幅が一三・五メートル、二四八〇トンほどであったポーハタン号より一回り大きい軍艦であった。佐野が注目したのは、ローノーク号がポーハタン号のような車輪蒸気船ではなく、スクリュウーを備えた軍艦であることであった。佐野は、このスクリュウーを螺子《ねじ》仕掛けと表現し、その位置を舳《とも》（船尾）の方の水中にて楫《かじ》よりは稍《やや》前方であると記し、そのために車輪蒸気船とは違い、船の中央に砲を備える多くの余地がある利点に言及している。

前日に始めた積み荷の作業を終え、閏三月七日（太陽暦四月二十七日）、ローノーク号は四ッ時（午前十時）に錨を揚げたが、飲料水を補給するために六〇キロほど離れたポルトペロで再度錨を下ろした。翌日の閏三月八日、佐野は日本では見ることのない実に珍しい生き物を目にした。余りの暑さにポルトペロの岸に上陸し、水を浴び、衣類を洗濯していた際に眼に入ったのはイグアナであった。佐野は、その形は日本のイモリかトカゲのようなもので、大きさは一尺（約三〇センチメートル）ばかり、食べれば随分香味であるということだと記している。イグアナは一般的には体長は二メートル程度とされているから、佐野らは遠くから見たため、長い尾の部分が見落とされたか、子供のイグアナを見たのであろう。

飲料水を積み終えたローノーク号はこの日の八ッ半時（午後三時）頃にポルトペロを発し、その後、順調に航海を続け、閏三月二十日（太陽暦五月十日）の七ッ半時（午後五時）にニューヨーク港口に錨を投じた。間もなく港内の案内船が来て、ローノーク号に乗り移る者がいたが、彼が持ち込んだ新聞によって佐野は、自身がサンフランシスコからパナマへの航海中であった三月三日（太陽暦三月二十四日）に桜田門外の変が起こり、井伊直弼が暗殺されたことを知った。

◉ワシントンでの体験のさまざま

当初はニューヨークに上陸し、首都ワシントンに入る予定であったが、チェサピーク湾の入口に位置するノーフォーク港に入り、そこから河船に乗り換え、湾からポトマク河をさかのぼることに変更となったため、ローノーク号は停泊していたニューヨーク港口を閏三月二十二日（太陽暦五月十二日）に出港した。

その後、翌日の深夜の九ッ時（午前〇時）頃にノーフォーク港に投錨、使節団一行は、同二十四日にローノーク号に別れを告げ、河船フィラデルフィア号に乗船し、ワシントンに到着したのは閏三月二十五日（太陽暦五月十五日）昼の九ッ時（正午）であった。

この間も、佐野は、フィラデルフィア号が二五間（約四五メートル）もある三階建ての船であることをはじめ、船内での昼食の料理の品々、途中で見学したモンロー砲台の印象、チェサピーク湾やそれに続くポトマク河から見た風物やその時に仕入れた知識を克明に記している。

日本人を一目見ようと集まった群衆の中を、歩兵や騎兵に先導されて、使節一行は、議事堂を見ながらホワイトハウス近辺に位置するウイルライトホテルに導かれた。五階建ての壮大なホテルの威容もさりながら、ホテル内のソファーをはじめとする調度品の素晴らしさ、ガス灯やそれに点火するために使うマッチという早附木《はやつけぎ》、シャボンを備えた浴室や水洗トイレの清潔さ、井戸を掘ることなく、蛇口をひねれば水が出る水道などなど、これらはすでにハワイで体験済みであったとは言え、ハワイの物とは大いに異なる点もあり、また格段に美麗であると記し、佐野は事細かに、それらの原理と、彼が感じた印象を記している。また、握手やキスの習慣も佐野には、珍しく見えたものとみえ、「アメリカにおいては初対面に際しては、互いに右の手を握り合わせる。また、女子の礼には口を吸うことがあるようだが、我々の習慣からすれば、このようなことを行うことは言うに及ばず、見るにも堪えない」とも記している。

使節団の団長新見ら高官の者たちによる国書捧呈《ほうてい》の手続きなどの打ち合わせが行われ、閏三月二十八日（太陽暦五月十八日）、ホワイトハウスにおいて国書はジェームス・ブキャナン大統領に捧呈された。この時の様子も佐野は興味深げに記述しているが、この国の大統領制について、「合衆国には天子も無く、又国王もなく、衆人の望に叶う者を挙ぐることとす。其の法国中の人民入札をなし、其の同名入札多きを挙ぐ。故に庶人といへども、其の身の徳に人望の帰するときは、自ら貴きを得。任にあること四ヵ年にして、又別人を撰ぶこと前の如し。若し又尚ほ他に挙ぐべき人なく、前任のものの所置、国の為に大いに利あるときは、再び任を受けて更に四ヵ年を勤む。以上八年の後、決して再び任ずることなく、別人を挙ぐる法とす」と記している。

才能がありながら、低い身分でこの使節に加わった佐野としては、是非にも書き留めておきたかったことであろう。そのほか、佐野は自由な外出が許可されなかった数日間においてもホテルの屋上から見た市街の様子やアメリカにおいて鉄道網や電話網が整備されている実態、ホテルの窓から見えた付近で起きた火災と消防の様子などについて書き留めている。

ワシントンに到着して、しばらくはホテル外に出て遊歩することは禁止されていたようであるが、四月一日（太陽暦五月二十一日）、今後は遊歩することは随意であるということになり、アメリカ人の三、四人の案内者のもと佐野をはじめとする三十人ばかりの者たちが外出した。この日は、ワシントン廟を訪ね、廟の様子とからませながら独立戦争期のアメリカについて語り、翌日はスミソニアン博物館を訪ね、市中の人家とは全く趣を異にする建物を「宝蔵《たからぐら》の類《たぐい》」と記し、先年ペリーに贈ったわが国の熨斗目《のしめ》、打掛《うちかけ》、白無垢《しろむく》の下着などのほか、刀剣類、農具類が飾られていることを見て、日本の物でさえこのように扱われており、いわんや従来から通好のある他国の物については言うに及ばず、天下万国の奇珍異物が集まっていると感嘆している。

しかし、このような施設の目的については、さすがの佐野も戸惑ったらしく、「考ふるに能わず」と記しているが、それでも、「案ずるに、諸物を多く集めて衆民に示し、人の見識を広からしむものならんか」と彼自身の見解を披露している。ワシントン滞在中の四月三日以降の佐野の記述は、「この後数日間には数々の事件があったが、毎日日付を記すのは繁雑で、無益な紙幅を費やすことは意味がない」との趣旨を記して、遣米使節一行がワシントンをあとに四月二十日（太陽暦六月九日）にボルチモアに向かうまでの間は、日付を追っての記述を省いている。

持ち前の進取の姿勢で様々な見聞をし、かつまた、是非、藩主やわが国の人々に知らせたいことが多すぎ、毎日の記録メモを要約し書き綴ったものと思われるが、そこには、刑務所を訪問した時の様子、アメリカでは死刑の執行は絞首刑で、日本での斬首や切腹の話を聞いたアメリカ人がはなはだ恐れ、特に切腹については強勇の所行と驚駭《きょうがい》したこと、軍艦、蒸気機関、ライフル銃、大砲、小銃などあらゆる海軍に必要とするものを製造する海軍製造所の訪問体験、議事堂の訪問と施設の概要の描写やその中での審議のあり方、中でも女性を含め、傍聴が出来ることについての紹介、知識として得たアメリカ各州の名称、およびその面積や人口に関する紹介と、貧院や幼院（孤児院）の見学や、このような施設が完備していることによって市中では乞食を見ない驚きなどを記し、また、見聞した様々な物の内、取り入れるべきものについては模写したいと思うものの、そのような暇がないことを残念がるなど、旺盛な知識欲を示している。

◉フィアデルフィアでの将棋披露

佐野の記録によれば、喜望峰をめぐって地球を一周する方法で帰国することについては、当初から計画があったものではなかったという。ワシントンでの公式行事が終了した時点で、アメリカ側は、使節団一行にその頃の三十二州すべてを巡行すると言うのであれば、その手配をすることを伝えてきた。しかし、視察団の幹部たちは、見物のみで長く留まることはできないと帰国の準備に入ったが、ポーハタン号は、サンフランシスコに帰り修理しているので、早くて二十日後でないと再びパナマに来ることはできないということであった。そこで、使節団一行は、太平洋を横断し帰国するより、ニューヨークを訪れ、そこから大西洋を横断して喜望峰をめぐり帰国することにした。

ワシントンからボルチモアに至る旅は先頭の蒸気機関車に日章旗を掲げた汽車での移動で

あった。ホテルから駅までの約半里（約二キロ）の道路には多くの群衆が集まり、遠くから「グッドバアイ」と叫ぶものや、ホームで別れを惜しみ涙する者もいた。四月二十日（太陽暦六月九日）四ッ時（午前十時）にワシントンを発した汽車で昼九ッ時（正午）にボルチモアに着いた一行はワシントンで遭遇した群衆をはるかに上回る見物人の見守る中、市中を巡行し、夕方にホテルに入り一泊。翌四月二十一日（太陽暦六月十日）は四ッ時（午前十時）にボルチモアを出発、夕方の七ッ時（午後四時）にフィラデルフィアに到着し、コンチネンタルホテルに入った。

フィラデルフィアには、この地に六日間滞在したのち、四月二十八日（太陽暦六月十七日）にニューヨークに向けて出発、河蒸気船と汽車を乗り継ぎながらその日の内にニューヨークに到着した。この間、佐野はボルチモアやフィラデルフィアの位置や気候、人口や戸数、鉄道、港湾など詳細な地誌、記念碑、学校、寺院（教会）、施薬院（病院）、貧院、盲聾館、図書館、逍遥園（公園）、劇場をはじめ、日米金銀貨の比較などについて詳細な記述をしているが、文中で佐野が「以上の説明は地理誌より訳出する所なり」と書いていることから、アメリカの書籍から得た知識をまとめて報告書に転用したものと思われる。それにしても佐野の知識欲の旺盛さに感服せざるを得ない。

このような記述のほか、ボルチモアのホテルで一行の二人が脇差《わきざし》を盗まれてしまった話や、フィラデルフィアの市中で見学した時計屋の規模の大きさや時計の正確さに感心した様子、また、別の店で見つけた日本地図と、日本の海岸近くを測量して得た正確な海図を発見、これははなはだ宝とすべきものであって、出来れば日本で翻刻すれば、人命を失い貨物を沈める憂いがないと思い、是非ともこれを手に入れようと欲したが、容易に手に入らず残念だった話、初めて空気球（熱気球）という物を見て、その原理を解説しながらも、「この風船ははなはだ危険な物で、個人で用いることは禁じられており、これに乗る者も狂人に類するとのことだ、これを我々日本人に見せたのは、造化《ぞうか》の至妙《しみょう》を示したのだとのことである」と記すなど、様々な見聞のエピソードも交えている。

しかし、フィラデルフィアでの特筆すべきエピソードは、佐野らが当地のチェスクラブで将棋を二局外国人に披露したことであろう。このエピソードは佐野の『奉仕米行航海日記』は勿論のこと、遣米視察団の誰ひとり日記に記録していないという。この出来事の詳細と意義については、布施田哲也氏の「〈米国で初披露された将棋〉について」という優れた研究ノートがある。以下、興味深い氏の論文を引用させていただきながら紹介する。

佐野らがこの地を訪れた頃、アメリカではチェスが一大ブームになっており、中でもフィラデルフィアは、チェスが盛んでチェスクラブがあり、アメリカのチェスの中心地であった。日本の将棋に興味を持つチェスクラブのメンバーたちの要請で日本人による模範試合（エキジビション）が四月二十七日（太陽暦六月十六日）に佐野らを招いて開催されたのである。チェスボードに枡目を書き加えて将棋盤を作り、実戦が披露された。

この時の模範試合（エキジビション）で対局した者の名前は、二名が確実にわかっており、一、二局とも指したのは、土佐藩士で使節団の中で一番の美男子といわれた外国奉行支配組頭成瀬善四郎の従臣であった山田馬次郎清揃《きよたつ》、一局目に負けた者に代わって馬次郎と二局目を指した佐野である。この際、駒の動き、将棋の詳細なルールなどはすべて佐野が英語で行った。チェスクラブのメンバーたちは、この対局の棋譜を残そうとしたが、指し手が早くて記録は出来なかったといい、また、チェスと違い、駒の目も駒の種類も駒の数も多く、駒の再利用や裏返ると駒の戦力が変わるなど、きわめて複雑なゲームに見えた上に、局面が第三者には複雑で優劣がつきかねるにもかかわらず、投了してしまうことを不思議がったという。

対局後に、チェスのやり方を知りたがった日本人に、基礎的な講義をし、チェスの教科書の写本もプレゼントしてくれた。また、チェスクラブのメンバーによってエキジビションも見せてくれたが、日本人たちが途中で戦略の狙いをたちどころに指摘したため、アメリカ人たちは、日本人の適応能力の高さに感嘆し、驚愕した。

◉ウエルカム・ジャパニーズ・AMBASSADOR

ニューヨークでの歓迎は、佐野の想像を絶するものであったと見え、その様子を彼は克明に記している。それによれば、汽車から川蒸気船に乗り換え一行は街の中心部へと入り、キャッスルガーデンに接岸したが、その時には陸上の野戦砲隊が祝砲を放ち、見物の群衆については、「奔走すること雲の如し」と表現している。待ち受けていた三十余りの馬車に分乗し、街路の中央を行進したが、岸に横隊に並んだ歩兵は八千人、行進とともにそれは縦隊となって護衛、そのほか、軽騎、重騎、長槍隊、太刀隊などの騎兵隊についてはその数はどれほどかわからないほどであった。佐野らが進みゆく市内の商店は店を閉じ、日の丸と星条旗、「ウエルカム・ジャパニーズ・AMBASSADOR」などと大書された横断幕、手にした白ハンカチを振って祝意を唱える老若男女の群衆などに遭遇した様子を、佐野は「さながら江戸表の山王権現か神田明神の祭礼の時にねりものを見物するような状況であった」と記し、一行は夕方に宿舎に充てられたブロードウェイに面するメトロポリタンホテルに到着した。

ニューヨークでの滞在は十二日間におよぶが、『奉使米行航海日記』には、ワシントン滞在中と同様に日を追いながらの日記風の記述を佐野はしていない。この間の記録は、詳細なニューヨークの形勢を友人が訳述したものであると断り、ワシントンやボルチモア、フィラデルフィア同様の詳述が大部分を占める。佐野自身のニューヨークでの体験談は、ライオン、トラ、大熊などの猛獣や八歳の男児で身の丈が六尺（約一・八メートル）にもおよぶ巨人、シャム（タイ）生まれの連体児などを見物させる見世物、大劇場での毎夜の興行とそれを見るために各地から集まる多くの人々によって一晩で五千本あまりの葡萄酒が空けられるという贅沢や、日本人を歓迎するために開催された花火大会の壮麗さについていくらかの紙幅をさくが、多くは唖学校（聴覚に障害を有する人のための学校）の見学と様々な体験談が中心となっている。

この学校の見学は、親しくなったメトロポリタンホテルの支配人の息子と同行した一人の唖学校の教師の案内で、佐野ら五人の日本人が参加した。佐野は学校の建物の大きさ、三〇〇人という生徒の多さもさることながら、その教育方法に驚きと感銘を覚えたと見え、克明に次のように記録をしている。「その方法は、最初彼らの国の字（アルファベット）二十六文字を書かせ、その後、文字の音を教えるために、右手の指を伸ばしたり屈したりして、大体の文字の形を擬して示し、そして、例えば人の姓名を知らせるべき時には、指で一字ずつ数文字を連ねて示し理解させる。このようにして文章を容易に作り、健常の人に対しては筆記をして用をたす。学校では教師が常に物真似をして唖児に示し、唖児もこれをよく諒解理解し、唖児が教師に向かって物真似をするときは、教師は速やかにこれを理解する」といった具合である。

また、教具として使われている黒板にも関心を向け、この国の学校では、「大いなる黒色の平らな板のような石を壁の上に立てて置いて、石の細筆にて書する物」が使われていること、盲人の習読する書の一片紙をえたが、その紙には高く文字が浮起するようになっており、手を以ってこれを捜して読ませるということだと、点字についても強い関心を寄せている。また、教師から学校本（教科書か）を一冊贈られたが、これには二十六文字の読法の図が示されており、絵画を加えて文意を解するようになっているため、日本人のような外国人が英語を学ぶためには大変便利であり、帰国した後に同志と相談して、訳刻して英語を学ぶ者に配布したいと考えたとも述べている。この訪問の日時について佐野は明記していないが、先述したように、太陽暦の六月二十五日の「ニューヨークタイムズ」に、これに関する佐野を紹介した記事がみえることから、前日の二十四日（陰暦五月六日）のことであろう。

佐野が「ニューヨークタイムズ」の紙面を飾った四日前の一八六〇年六月二十一日付けの「ニューヨーク・オブザーバー」紙をはじめ、さまざまな新聞紙上で大きく報道された人物がいた。サンフランシスコ入港以降、一行の中で際立って若く、トミーと愛称され、抜群の英会話能力を有し、たえずアメリカ人に大きなインパクトを与え続けた長野桂次郎である。

桂次郎のアメリカでの人気ぶりは、ポーハタン号の士官ジョンストン大尉が、日記に、「船中で皆に可愛がられたが、合衆国へ行ってから婦人にもてはやされた」と書き遺しているが、何といってもトミーの絶大なる人気ぶりを示すものは、「トミー・ポルカ」という、当時アメリカで流行していたラテン系の軽快な曲を誕生させたことであろう。余談であるが、この曲の存在は、ちょうど百年後の昭和三十五年（一九六〇）に村山有《たもつ》著『修好事始』によって初めて紹介され、その二十年後の昭和五十五年に毎日新聞でその楽譜が存在することが報道されたという経緯がある。

また、後に福井に御雇外国人として招聘され来日した桂次郎と同い年のグリフィスも故郷のフィラルデルフィアで、桂次郎を見て強い印象を受けた一人であった。自身の著書『ミカドの帝国』の中で、「私は、しばしば全ての人がトミーと呼ぶ陽気な若者を見たが、彼は決定的に楽しい印象をご婦人たちや一般アメリカ人の上に与えていた」と語り、来日してから、実現はしなかったが、桂次郎を通訳として雇いたいと願ったほどである。

◉大西洋を横断し、喜望峰を巡り帰国

ニューヨークでの様々な体験を終え、佐野ら使節団一行は、万延元年五月十三日（太陽暦七月一日）に、当時世界最大といわれた戦艦ナイアガラ号でその地を離れた。佐野は蒸気螺旋機関（スクリュウー機関）で長さ六三間（約一〇三メートル）、幅八間余り（約一四メートル）の速力を重視した尖形の五千トンのこの船に改めて西欧の技術の高さを知らされる思いであったに相違ない。日本人七六人を含め、総計五一一人を乗せたナイアガラ号は大西洋を突っ切りアフリカの西端ベルデ岬（ベール岬）、現在のセネガルのダカール、アンゴラのルアンダ、喜望峰をめぐりインド洋を航行してバタビア（ジャカルタ）、香港に寄港して品川に帰ったのは九月二十八日（太陽暦十一月十日）であった。

この間も、佐野は立ち寄った各地の地誌や様々な見聞について克明に紹介している。さて、『奉使米行航海日記』は、九月二十九の日付で幕を閉じるのであるが、佐野はこの日の記録の

初めに「実は我二十八日にして、西洋千八百六十年十一月十日なり」と、日記の日付と現実が一日ずれていることを記している。このことは相当佐野にとっては新知識として触れておきたいものであったのであろう、前日の九月二十八日の記録でも、「さて、人々今日の日付を問へば、九月二十七日なり。香港にて既に然り。十八日の出帆は、彼の所にも十七日なりき。これ即ち当春二月二日にいふところにして、一日を亡失したりしなり」と記している。ちなみに「当春二月二日にいふところ」の記事とは、日付変更線上を通過した際の、記事を指しているのであるが、その際の記述は、およそ次のようなものである。

「イギリスの経度〇度の子午線から一八〇度のところに来る。すなわちロンドン市は全く相反する地球の他の面に存在し、我々の足元の下にあるというわけである。故にここから東を西経と名づける。アメリカの測量官が言うには、今日を西暦の二月二十七日とするというが、このままアメリカ合衆国に到着した時には、自分たちの船と一日違うことになるので、今ここで二十八日としておけば、合衆国に到着してその所の日と適合することになると。しかしながら日本人は、従前からの日数に従って、改めずに過ごすこととした。もしも、船が東方に十五度行けば時刻は日本の半刻、すなわち西洋の一時間早くなる。例えて言うなら、江戸の正午は、前の正月二十六日正午測量の地においては、四ッ半時（午前十一時）に当たる。もしまた船が西に行くこと十五度であれば、日本では半刻（一時間）遅くなる。また、前正月二十六日正午に測量した地点での正月二十六日正午は、江戸の九ッ半時（午後一時）と同時間である。それゆえに地球を一周すれば一日を失うという」といった具合で、続けて、このようなことは普通の理屈で、くだくだと書く必要もないことではあるがと断りながらも、自分は、この説を初めて聞き、その上にそのような日付変更線を通過する体験をしたので、この事について記さねばならないと思ったのだと言い訳している。

◉駿河生まれ、下曽根塾で塾頭を務める

さて、佐野は、生粋《きっすい》の加賀藩士ではない。開国後、他藩と同様に洋式兵学の導入を目指した加賀藩は、安政元年（一八五四）に、それ以前から自邸で西洋砲術の研究に励んでいた大橋作之進や火矢を研究していた小川群五郎らの実績をもとに、壮猶館《そうゆうかん》と称する洋式兵学校を開設した。佐野は、そのような分野の専門家として、御異風格、西洋砲術師範頭取役として禄一五〇石で、加賀藩に召し抱えられたのである。佐野の故郷は、駿河の富士郡水戸島《みとじま》村（現静岡県富士市）。日本近海に欧米諸国の船が姿を頻繁に見せるようになった文政十二年（一八二九）郷士の嫡子として生まれ、成人して江戸に出て、旗本秋山正光に仕えながら、門人千人を抱え、西洋砲術の塾を開き、秋山も学んでいた下曽根信之《のぶゆき》（金三郎・信敦《のぶあつ》）のもとに入門、蘭学と砲術を修得、塾頭にまで登りつめた。下曽根は高島秋帆《しゅうはん》に西洋砲術を学んだと言うから、当時としてはその分野での最も高いレベルの教育を佐野は伝授されたと言ってよかろう。

その後、安政二年（一八五五）十月に幕府が長崎に海軍伝習所を創設すると、佐野は下曽根の子次郎助に従って、第一回の海軍伝授に参加、航海術や測量術をマスター、ますますその腕を磨き世人に注目されるようになっていた。加賀藩に召し抱えられたのは同四年十一月十八日、二十九歳の時であった。当初は、江戸詰であったから、遣米使節に加わる以前には金沢へは来ていない。

さて、佐野の海外視察は、このように加賀藩に召し抱えられた直後であったために、藩内には佐野の視察団参加に批判的な重臣もいたが、藩主斉泰は一時の暇《いとま》を江戸の加賀藩邸に願い出た佐野の願いを聞き入れ、彼が品川を出港する三日前の安政七年（一八六〇、万延元年）一月十五日、佐野が拝借金として願い出ていた金一〇〇両の貸与も認め、快く彼を送り出した。帰国後に『奉使米行航海日記』を藩主に献上したのは、そのような藩主斉泰の温情に報いたものであろう。藩もまた、佐野の快挙に報いて銀十枚と染物二反を褒美として彼に与え、三十カ年賦で貸し与えた金一〇〇両も返済を免除とした。

佐野は、途中に立ち寄ったハワイとサンフランシスコから、友人の加賀藩士帰山仙之助に手紙を送ったことは先にも述べたが、この書簡内容の克明な分析をされた松本英治氏によれば、その中身は、太平洋上で大嵐にあい難儀したことや、オーロラを初めてみたことなど、『奉使米行航海日記』の記述と符合する事のほか、航海中にポーハタン号付きの牧師ヘンリー・ウッドから午前九時から十二時まで、午後は四時から五時半まで英語を学んだこと、また、正使新見正興や副使村垣範正ら地位の高い者たちの振る舞いを冷ややかな目で見ながら、海外情勢を視察するという千載一遇の機会に学ぼうとしない同僚の人たちへの批判が見て取れるという。

また、このような事実にもまして重要なのは、この帰山宛の手紙が、加賀藩関係の史料に、その写しが数多く書きとめられていることをもって裏づけられるように、帰山の周辺にいる佐野をめぐる洋学者の人的ネットワークに連なる数多くの加賀藩士たちの眼にふれることを前提としたものであり、これは、佐野の手紙が最新の海外情勢を伝えるものとして、多数の加賀藩士に回覧されたからに他ならないとも言われる。

すなわち、佐野からもたらされた視察途中の情報でさえ、そのように多くの人たちの関心事であったとすれば、帰国後に彼が藩主に献上した『奉使米行航海日記』は、それにもまして人々の関心を集めたはずである。先述した　第十四代最後の加賀藩主前田慶寧の養生所や撫育所などの福祉施設の導入が、この佐野の影響によるものであるとするフラーシェム・N・良子の主張を補完することにもなろう。それはともかく、佐野のポーハタン号艦上での活動やアメリカでの体験は、彼自身が世界に目を向けるきっかけとなったばかりでなく、多くの藩士たちに多大な影響を与えた。

翌年の文久元年（一八六二）、幕府は竹内保徳《やすのり》を正使とし、福沢諭吉ら三六人からなる遣欧使節を派遣したが、佐野は、この使節団にも小使兼賄方として加わり、イギリス・フランス・オランダ・オーストリア・ロシア・ポルトガルなどのヨーロッパ諸国を歴訪している。同年十二月二十二日（太陽暦一八六二年一月二十一日）に品川を出港し、同二年十二月九日（太陽暦一八六三年一月二十八日）に帰国した。

この使節団の目的は、アメリカと同様に安政の五ヵ国条約を結んだ国々に対する表敬、開国によって強くなりはじめた攘夷運動に対するための開港の時期引き延ばし交渉、カラフトの国境画定などであった。しかし、そのような使節団の目的は、下つ端の随行員であった佐野には、おそらくどうでもいいことで、前の遣米使節に加わった時と同様、話には聞いていた西欧の国情や優れた技術の見聞に余念がなかったと思われる。

この視察中に佐野がオランダ、フランスなどから友人に宛てた手紙類は「佐野鼎欧州通信等」（金沢市立玉川図書館）に所蔵されており、また後の慶応二年（一八六六）に、当時家老職に在り、国学に造詣が深く、比較的開明的な考え方の持ち主で、幕府倒壊後の明治初年には藩政をリードした横山政和が佐野との間で行った問答を記録した「客窓雑記《かくそうざっき》」（加越能文庫）などで知ることができる。

佐野のこの時に知人に宛てた書簡類からは、当時の国際情勢を的確に捉え、西欧の近代的な兵器や様々な技術の習得に余念のなかったことがうかがえるし、「客窓雑記」では、万延、文久の二度の海外体験から得た佐野の見解を聴いた横山は、「尋常の洋学者ではない」と佐野を高く評価し、それ故、二人の間で交わされた問答を残すために小冊子にまとめたのだと述べている。

◉七尾に来航したハリー・パークスと渡り合う

二度の海外派遣に参加し、欧米の息吹を十分に吸い込んだ佐野の洋学者としての才能はその後、加賀藩の近代化に大きな足跡を残すことになる。しかし、仕えたとは言うものの加賀藩士としての活躍は順風満帆というわけではなかった。というのは、当時は、尊王攘夷運動が激化しており、加賀藩においても尊攘派の一部は、欧米の知識や技術を重視する考えを持つ者を西洋かぶれであると酷評し、洋式軍制廃止を主張する者も少なくなかったからである。

それでも加賀藩は、文久二年（一八六二）二月、七尾軍艦所を設け、この年の十二月に横浜で軍艦発機丸を買い入れ、同じ頃に佐野に軍艦奉行補佐の地位を与え、翌年三月にこの軍艦を国許に廻航させた。その後、佐野は禁門の変が勃発する直前の元治元年（一八六四）七月初旬に壮猶館砲術稽古方惣棟取役を拝命し、この年の暮に鉄砲隊を率いて越前敦賀に出向き、加賀藩に投降した水戸の武田耕雲斎を主将とする天狗党の人々を護送する役目を担い、その功により白銀を拝受した。

また、慶応二年（一八六六）には、藩命により長崎に出向き、ポルトガル商人ショーゼエ・

ロレイロと約定し、陸蒸気器械（製鉄器機類）をイギリスから輸入することになると、その運転責任者の任にも当たった。なお、幕府が倒壊した後の明治二年（一八六九）に御雇外国人として、高峰譲吉ら幾多の人材が薫陶を受けた英学教師オーズボンの招聘に当たったのも佐野であった。

幕府が倒壊する前年の慶応三年（一八六七）は、加賀藩の領民が初めて西欧人を眼にした年である。この年の五月、やがては開港されると思われていた新潟の補助港を求めてフロックに率いられたイギリスの軍艦セルベント号が七尾湾に姿を現し、七尾の港に数人が上陸、数日間市内を見聞した。

当時の所口《ところのくち》（七尾）町奉行阿倍甚十郎から連絡を受け、驚いた藩は、前田内蔵太《くらた》や村井又兵衛らの重臣を直ちに派遣したが、すでに同年四月に「御軍事に付御内用」という重要な役職に就き、英語も堪能であった佐野の身辺はあわただしくなる。やや遅れて恒川新左衛門などと佐野はイギリス人から得た情報を藩主のもとに届け出る役目をつとめた。この時、イギリス側に対する接待主任を務めたのが、発機丸の艦将（船長）であった岡田雄次郎であった。

この時、イギリス人の何人かは、翌日の二十六日には、町の組合頭に道案内を願い、府中の浜を出発、中ノ店《なかんたな》（作事町の西方）、作事町《さくじ》、塗師町《ぬし》、川原町など七尾の中央を流れる御祓川《みそぎ》の東岸一帯に広がる町々を巡り、茶店で柿や麻などについて質問し、また、本宮社の後ろに回り、虫などを採取して瓶に入れ、檜物町《ひもの》から船に帰った。

また、二十八日には、万行《まんぎょう》村や麻生《あそう》村をはじめ、近辺の野山にまで分け入り、六里（約二十四キロ）の道のりを一日で探索したという。この探索の成果は、当時のイギリス公使ハリー・パークスの加賀藩に対する興味を喚起したと見え、同年七月八日（太陽暦八月七日）、彼が率いる三隻の軍艦が再度七尾湾に投錨し、翌日、十三人の者が小船で能登島の須曾《すそ》村に上陸、狩を楽しんでいる。よほど物珍しい大事件であったと見え、当時の村役人杉野屋村の勘四郎が、猟犬を伴ったイギリス人の鉄砲の巧みな扱い、雉《きじ》十羽、鳩一羽、川獺《かわうそ》一疋が彼らの収穫であったこと、草の中から銀の鎖つき懐中時計を拾い、届け出たところイギリス人から金九〇〇匹（一匹は銭一〇文、一両はこの時期約六千八〇〇文であったから、九〇〇匹は約一・三両、現在の価値で五万円程度）の謝礼を贈られたことなどを記録に残した。

この事件でも、藩命を受け、里見亥三郎と共に、七尾に急行した佐野は、バジリスク号艦内でパークスと五時間に及ぶ会談を行なったが、その内容は、パークスの通訳として幕末維新期に活躍したアーネスト・サトウの手記に詳しい。巧みな外交戦術で七尾開港に持ち込もうとするパークスに対して、開港した場合、幕府が七尾を天領として召し上げてしまうことを恐れた佐野は、七尾を対外貿易港にし、貨物を陸揚げすることは異存ないものの、産物の輸出に伴い物価が上昇し領民が苦しむことは避けたいなどの理由を挙げ即答を避けている。

佐野らとの会談直後、パークスは、部下の書記官フリーマン・ミットフォードと通訳官アーネスト・サトウとに中国人と日本人の二名の御供をつけ、金沢経由で陸路大坂へ旅立たせることを決心するが、この一行の出発に先立ち、佐野は旅行の準備が万端整ったと彼らに伝え、サトウを喜ばせている。

サトウらは、七月十三日金沢に到着、堤町の成瀬邸を宿舎に当てられ、二日間の市中見学や藩役人たちとの懇談・宴の時を過ごし金沢をあとにした。彼らの加賀藩領内通過については、能登浦への漂着者であると記す史料や藩より村役人宛の史料には、宿泊や休憩所に指定された者は、一汁一菜のほかはご馳走を提供してはいけないとあるが、それらは表向きで、実際にはきわめて丁重に藩は彼らをもてなした。

例えば、道中での休憩所では、おいしい果物や菓子による饗応のほか、おそらく兼六園の山崎山あたりに存在したという氷室《ひむろ》から運んだのではないかと思われる凍雪までふるまいサトウを感激させているし、成瀬邸の宴では、豪奢《ごうしゃ》で品数の多い加賀料理を存分に味わっている。金沢を去るにあたりミッドフォードが加賀藩のもてなしに謝意を表する書簡を残していることからもそれが知れる。

金沢でのサトウらの対応を記した文献には、佐野の名前は出てこない。サトウは、きわめて日本語が達者であったために、対応には英語に必ずしも精通した者である必要がなく、佐野以外の者に任されたものと思われる。成瀬邸でサトウらは、加賀藩の役人との懇談で、今後の両国の親善について秘密会談をしているが、その中で七尾開港については、幕府からの追及があった時には、イギリスが曖昧な返事をし、加賀藩の希望に沿いつつ、利益を損なうようなことはしないこと、今後もイギリスが加賀藩と秘密裏に通信しあうことなどを密約している。

また、内政問題については、加賀藩は、武力倒幕には反対であるが、幕府の権力については制限を加えるべきであるとの見解を示し、サトウの著『英国策論』の主張に支持を表明したとサトウは書き残している。当時の藩主前田慶寧は仮病を使い、彼らとの面談はさけたが、当時の加賀藩の内政および外交に関する姿勢がうかがえ興味深い。

幕府が倒壊し、明治新政府が成立すると、佐野の能力は新政府にとって魅力であったことは想像に難くなく、明治三年（一八七〇）、政府の兵部省出仕を命ぜられ、翌四年には造兵正の身分を得ている。この間も加賀藩士として、東京に詰めていた藩兵の総括にも当たらなければならず、東京での多忙な日々を送ることになる。

◉金沢藩に招聘された長野桂次郎

佐野が中央官僚の役人として出仕を命ぜられ、多忙な日々を東京で送るようになった頃、長野桂次郎が金沢にやってきた。金沢藩（明治二年の版籍奉還以前は加賀藩）は、明治新政府が明治三年二月に定めた「大学規則・中小学規則」に則って、それ以前の幕末維新期に金沢における洋学教育を担った致遠館《ちえんかん》と挹注館《ゆうちゅうかん》を合わせて巽御殿《たつみごてん》（現成巽閣《せいそんかく》）を校舎として洋学を学ぶ中学東校を同年十一月に設立、翌十二月に開校した。

「金沢藩中学東校英学生」と題する場所前に摺られる大相撲さながらのこの番付には、この学校の明治四年（一八七一）四月十七日現在の教授と生徒名が修業年数の多いもの順に記載するが、中央の教授欄の八名の中に長野桂次郎の名がみえる。桂次郎が金沢で英語教育に当たったのは一年余りの短期間であったが、彼の欧米仕込みの卓越した語学力は、この地域の語学教育はもとより、近代化に大きな足跡を残した。

遣米使節団に加わり帰国した後の桂次郎の足跡に就いて紹介しておきたい。帰国後桂次郎は江戸下谷七軒町に英語塾を開いて三宅秀《ひいず》らを教えていたが、万延元年（一八六〇）十二月一日、その卓抜した語学力から幕府の通詞（通訳）の職にありつく。直後の同月四日に、かつて下田で英語を教えてもらったオランダ人のアメリカ公使館付通訳官ヒュースケンが尊王攘夷派の薩摩藩出身の浪士に暗殺される事件が起こったため、桂次郎は後任の通訳ポートマンが赴任するまでハリスの臨時通訳を勤めることになった。

その後、文久三年（一八六三）小花和《こはなわ》家では、実父度正《なりまさ》が隠居し、兄の重太郎が家督を継いだ。それを機会にようやく同家は、直参旗本小花和重太郎の弟である旨を幕府に届け出て、米田桂次郎成正と名乗りを改めた。仕事も開成所（幕府の洋書調所の後身）の教授並出役や、外国奉行御書翰掛として福沢諭吉らとともに、主務の田辺太一《やすかず》の下で働きながら、自宅で英語塾を開いて若者の教育にも当たった。余談になるが、田辺の娘花圃は、金沢生まれの評論家・哲学者として高名な三宅雪嶺《せつれい》の夫人である。

さて、ヒュースケン暗殺事件後の文久期（三年間）、元治期（一年間）、慶応期（三年間）は、尊王攘夷運動が紆余曲折を経ながらも、倒幕運動へと変質、幕府が窮地に追い込まれていく激動の時代である。そのような情勢の中で、幕府直参旗本の出である桂次郎は、慶応元年（一八六五）二月、陸軍奉行から、「才学兼備にて、陸軍局の御用、格別心得居り候者」として、歩兵差図役頭取勤方《ほへいさしずやくとうどりつとめかた》に任命され、兄重太郎と共に、幕府が横浜に新設した陸軍伝授所でフランス式陸軍の教練を受け、慶応元年五月に、長州征伐のために、江戸城を発した将軍家茂の軍列に、兄と共にそろって加わることとなる。しかし、翌慶応二年六月に第二次征長軍が発せられるが、同年七月の大坂城での家茂の逝去で長州征伐は頓挫し、八月には遠征は停止となった。

この年の十二月に最後の将軍となる運命を担った徳川慶喜《のぶよし》が就任、明けて翌慶応三年、桂次郎は五月、大坂城でのアメリカ公使ファルケンバーグの将軍慶喜謁見で通訳を勤め、役目を無事果たしたことでイギリス人の通訳アーネスト・サトウからイギリス産のビールをプレゼントされ、兄の重太郎とそれを飲み交わし、写真に収めている。

その後、同年七月にアーネスト・サトウは、イギリス公使ハリー・パークスの七尾来航に随行しミッドフォードと金沢を経由して大坂に向かったことは先に述べたが、この時にちょうど江戸から上洛する幕府若年寄並平山敬忠に随行していた桂次郎は、彼らを平山の命により世話するために、七月十八日（太陽暦八月十七日）に近江草津の宿に出迎えているなど多忙な日々を送っていた。桂次郎とアーネスト・サトウは、通訳という同じ立場から顔見知りであったと見え、サトウは、自身の回顧録で、桂次郎を「大変上手に英語をしゃべる青年」と記している。

しかし、この年の暮れから始まった鳥羽伏見の戦いで幕を開ける戊辰戦争で、桂次郎は今市付近での戦いで大腿部を銃弾が貫通し、落馬失神したものの命はとりとめ、仙台にどうにか逃れた。慶応四年（一八六八）は、九月に改元され明治元年となった。九月には会津が降伏したものの、榎本武揚が率いた幕府軍は箱館五稜郭にたてこもって健在で、桂次郎は、この頃に至っても幕府再建の望みを捨てていなかった。前年のパリ万博に将軍の名代として派遣された徳川昭武《あきたけ》一行が十月下旬、帰国の途で立ち寄った上海にスネールというドイツ人の武器商人とともに一行に名を連ねていた旧知の渋沢栄一を訪ね、慶喜の弟である昭武が箱館に渡り、総大将となれば軍の士気は上がり、薩摩や長州軍を破ることは難しくないとの存念を披歴したが、渋沢に「昭武を戦争に巻き込むことは、兄慶喜の苦衷を踏みにじることになる」と諭され相手にされなかった。

江戸では、賊軍の隊長として自身に賞金がかかっていることなど露知らず、桂次郎は間もなく江戸に姿を見せるが、驚いた父は、ほとぼりが醒めるまで、身を隠すように勧め、姓を小花和家の先祖が、戦国期の上州長野原箕輪《みのわ》城主長野業政《なりまさ》という武将であったことから長野に変えさせ、住まいも浅草三筋町に移した。

桂次郎は、生まれつきの茶目っ気からアメリカで評判になったように、特に若い頃には、他人との交際上手な社交性に富む人柄で、また、多少破天荒で、西欧仕込みのハイカラ好きな人物でもあったようである。三宅秀《ひいず》は桂次郎を師として学んでいた頃の印象について「誠に語学に長じた人でありましたが、品行は良い方とは申しかねる。大変酒が好きで、私が随従していた頃は、しばしば小間物見世の始末などもさせられた」と記している。

「小間物見世の始末」とは、悪酔いして吐き散らかした反吐《へど》のことで、その後始末をさせられたというのである。三宅のこの思い出は、桂次郎が十代の頃の話であり、晩年の桂次郎は、深酒をすることもなく、品行方正であったとの証言もあるから、金沢に来た頃は、二十七、八歳で落ち着いた生活をしていたのではなかろうか。

桂次郎が金沢を去った後の中学東校に入学した三宅雪嶺は、桂次郎に学んだ兄の純一郎から、桂次郎のエピソードを聞いていたと見えて、自伝の中に彼を登場させている。そこには、主任であった桂次郎が、金沢での授業で、英語の訳読を担当する傍ら、特殊の感化を生徒に及ぼしたと、真面目な教育ぶりを語り、授業中に生徒の爪の長いのを見て、「オー・ベアー」とか「オー・ウルフ」などと言い爪を切らしたとか、当時腰に手ぬぐいを下げる生徒の習慣を、賄い方（料理人）

のまねをするなと注意したなどという、ユーモアに富み、ハイカラ好きな桂次郎が語られている。

そのような桂次郎のもとへ、廃藩置県後の明治四年（一八七一）十月末、県庁から政府より至急東京に帰るようとの命が届き、短い期間ではあったが、金沢に御雇外国人として叶わないような、英語教育の足跡を残し金沢を去ったのである。その後、桂次郎は、岩倉具視を特命全権大使とする岩倉遣外使節団の団員に加わり、帰国後、工部省での役人勤めもしたが、宮仕えに見切りをつけて、さまざまな事業などを試みたものの、成果は芳しくなく、明治二十年に温暖な懐かしいハワイに渡り、移民監督官として暮らした。しかし、二年後には東京に帰り、麻布三の橋に居を構え、大阪控訴院の通訳官に招かれ単身赴任し、中ノ島の官舎で雪なる女性と暮らした。その間に東京に残していた妻の若が他界した。明治四十二年（一九〇九）伊豆の西海岸戸田《へた》村に隠遁し、ラブラドールレトリバーの愛犬ジムとともに暮らしながら、時折上京し余生を楽しんだ。素晴らしい能力と体験を有しながら栄達の道を選ばず、大正六年（一九一七）、波乱に富む満七十三歳での一生を終えている。

◉開成学園の母体共立《きょうりゅう》学校を創る

長野桂次郎についての紹介が長々と続いてしまったが、話を佐野のその後に戻すことにしたい。その後の中央での佐野の活躍については、先にも引用した『佐野鼎と共立学校』に詳しく述べられている。それによれば、佐野は近代国家の形成には西欧の新知識を導入、それを習得させる必要があり、そのためには欧米諸国に見るように学校教育によって有意な人材を育成することが何にもまして重要であると考え、明治四年（一八七一）に神田相生橋で約四千坪の官有地払い下げを受けると、そこに居を定めると共に、邸内に学校を創立することを計画、翌明治五年（一八七二）三月、学校規則を制定、校名を共立学校と定め、校主となっている。同年七月、造兵正も退官、同年十一月東京都に開業願いを出し、その後は、人材の育成に邁進した。

彼が定めた「学範」は、建学の精神と、学校設立の意図などについて述べたものであるが、これによれば彼の教育は、国語と英語の読み書き、数学の能力、技芸の修得を目指すとともに、このような学問のみではなく、「平生履行ノ不正ヲ禁ジ、坐作進退ノ礼ヲ守リ、孝悌忠信ノ徳ヲ修メ、実ニ有徳有芸ノ全材タル事ヲ旨要トシ」などと記すように、礼節・道徳も重視、学問・人格共にすぐれ、わが国の近代化の担い手となりうる人物を育成することを目標としたのである。それ故、入学については、身分・階層・男女の区別はなく、広く国民に門戸が開かれた学校であり、平民や女子の修学者比率も当時としては比較的高かった。

佐野は明治十年（一八七七）十月、東京で流行したコレラに罹患し、急逝。満四十八歳の生涯を閉じ、今は東京港区の青山霊園の墓所に眠る。翌年息子の鉉之助が叔父を後見人として開業願を提出、共立学校は継承されたが、生徒の減少で経営困難に陥り、その建て直しは、高橋是清《これきよ》に受け継がれ、今日の開成学園に発展している。佐野は、生粋の加賀藩士ではないが、長い鎖国政策が雪解けを迎えた時に最初に西欧文化に触れ、この地域はもちろんのこと、近代日本の社会に大きな足跡を残した加賀藩ゆかりの人物であった。

2
岡田 雄次郎
発機丸の艦将として将軍上洛を供奉《ぐぶ》
―中級藩士から公儀人や大参事に―

◉江戸軍艦操練所に入学志願

文久三年（一八六三）末から元治元年（一八六四）にかけて、将軍家茂《いえもち》の上洛に際して乗組員ともども幕府に借り上げられた発機丸の艦将（船長）として、将軍を供奉する役目を果たしたのが、岡田雄次郎である。

文久二年九月十三日、幕府が測量・蒸気機関など様々な軍艦に関する実地研究をするために江戸の軍艦操練所に入学する志願者を諸藩から募った。加賀藩は、このような動きに対応して、江戸の軍艦操練所に有為な人材を派遣する一方、文久三年二月から壮猶館《そうゆうかん》で航海術を教育することとし、修学を勧めた。佐野鼎《かなえ》や、関沢孝三郎、浅津富之助らに率いられた発機丸が宮腰《みやのこし》（金石）に姿を現す一カ月ほど前の話である。

雄次郎は江戸の軍艦操練所に入学することを志願し、入学が許可されたものの、入学し修学には至らなかった。彼がなぜ江戸での修学の機会を見送ったのであろうか。後年の明治三十二年（一八九九）に雄次郎をたたえて、その頃には存在した岡田家の由緒書などをもとに陸義猶《くがよしなお》が記した「乾州岡田君行状」には、壮猶館で航海術の教育が始まると、雄次郎は航海学生棟取を命じられたとされ、発機丸の艦将に任命されるより前のこの年の八月に発機丸に乗り込み箱館まで航行して翌月に七尾軍艦所に帰ったと記している。

このようなことから推し量るに、彼が江戸の軍艦操錬所に入学することを希望し許可された頃には、藩による軍艦買い入れの交渉や壮猶館での航海術の教育開始の計画が進められており、そのような計画が実現した時には、この分野で雄次郎を責任ある役職に就かせることが内々に決まっており、江戸の軍艦操錬所への派遣が見送られたのではなかろうか。

さて、先述の箱館往復の航海は、御軍艦乗込船将次官測量方等棟取という立場にあった佐野鼎が中心となって行われたと思われるが、では、船将長官は誰であったのか、「乾州岡田君行状」には、発機丸が国許に廻航された直後に雄次郎は軍艦棟取となったと記しているから、彼は品川に向け船出する以前にすでに軍艦棟取として発機丸の船将長官でもあったのだろうか。また、雄次郎は航海術の力量を誰にどこで学んだのであろうかなど、雄次郎の航海術との係わりに関する疑問は多いものの、明確に答える史料は今のところ見当たらない。

◉ペリーの再来に備え品川増上寺に駐屯

雄次郎は、天保六年（一八三五）十二月二十一日、禄五〇〇石の中級加賀藩士岡田家の嫡男として生を受けた。名は正忠《まさただ》。後年棣《なるつ》とも名乗るが、通称は雄次郎である。満十二歳の嘉永元年（一八四八）に家督を継ぎ御馬廻の役職についた。江戸表より早飛脚でアメリカの艦船が浦賀に入港したという知らせが参勤交代で国許の金沢にいた藩主斉泰のもとに届いたのが嘉永六年六月十二日。三日後の十五日から外圧に備えるためとして江戸への増詰《ましづめ》が始まった。藩主斉泰が金沢を発して参観の途に就いたのは九月六日、江戸到着は同十九日であったが、その一行の中に雄次郎の姿があった。満十七歳の時である。

明けて安政元年（一八五四）正月早々、加賀藩本郷邸にアメリカの艦船が伊豆沖に姿を見せたとの報が入り、藩は同十六日に、品川御殿山付近を江戸近海防備のための持ち場と指定されたが、十九日に芝付近に変更となった。同二十七日に藩兵の出張が命じられ、以後、雄次郎らは芝増上寺に駐屯したが一カ月後の二月二十七日に警戒が解かれ撤収した。藩邸に帰った雄次郎は、四月四日に金沢に向け江戸を発した藩主斉泰に従い十六日に金沢に帰着し、この年の暮れ十二月十九日、藩主斉泰が増上寺に出役を命じられた将士を慰労する能を演ずる宴に招かれ、酒宴の席で銀と絹を賜った。

その後、安政三年四月に高岡町奉行に任命され、同五年十月に江戸出府を命じられ、しばらく江戸での職務に就いた。先述した入学はしなかったものの江戸軍艦操練所への入学を願ったのはそれから四年後の文久二年（一八六二）のことであり、そのおよそ五カ月後に壮猶館での航海学創設に当たり航海学生棟取に任命される。

雄次郎の嘉永六年九月頃から文久三年三月頃までのおよそ九年半の事蹟は、このように断片的にしか知ることが出来ないが、安政元年のペリーの再来に際して江戸近海防備のために品川増上寺に駐屯し、アメリカの艦船について見聞する機会を得たことが、航海術や軍艦、蒸気機関、英語などの知識がこれからは重要になると考え、それらに強い関心を持ち、独学で勉強を始めたのではなかろうか。しかし、江戸勤めになった有能な藩士たちの多くが、江戸の優れた塾の門をたたくことが多かったので、雄次郎も安政期の江戸詰の際、航海術を学ぶためにいずれかの塾に籍を置いた可能性もある。

そうこうしている間に、万延の遣米使節に加わった佐野鼎が藩主に『奉使米行航海日記』を献上、その内容にも触発され、西欧の技術習得の必要性を痛感し、一層持ち前の特異な理数系の才能をもとに学習に励んでいた矢先に、藩では軍艦購入が現実化し、壮猶館の航海学生棟取に任命され、およそ一カ月半後に佐野、関沢らが横浜から発機丸を廻航して国許に帰り、彼らが加わることによって強化された壮猶館での航海学の教授陣との接触で、雄次郎は航海学について自信を深め、また彼らからも信頼され、藩首脳からも認められる存在となったのではなかろうか。

◉将軍供奉と長州征伐の任を終え下艦

さて、文久三年十一月十二日、加賀藩は将軍上洛に際して、それを供奉する蒸気船一艘を乗組員共々、しばらくの間借り上げたいので品川沖へ回送するよう命じてきた。この時に艦将を拝命したのが雄次郎であった。

文久三年十二月二日（太陽暦一八六四年一月十日）、艦将岡田雄次郎に率いられた発機丸は七尾の港から荒れることの多い冬の日本海に乗り出し、箱館港を経由して十二月二十七日の夕方六時四十五分に品川に着船した。

その後、十二月二十八日六ッ半時（午前七時）頃に錨を揚げた将軍家茂が乗船する御座船《ござぶね》の翔鶴丸をはじめとする御上洛の諸船を残念な思いで見送った雄次郎は、発機丸の修理を急いだ。発機丸が準備を整え、御座船を追うように品川を出航したのは、激動の年になる文久四年（一八六四、二月に元治と改元）正月五日の早朝七ッ半時（午前五時）過ぎであった。

遠州灘から志摩半島の東端的矢《まとや》湾の奥に位置する的屋《まとや》（的矢）港を経て、紀伊半島をめぐり、十三日の夕方に兵庫港に入港し錨を下ろした。御座船と供奉船の船団より五日の遅れを取ったものの、当初の供奉の役目を無事終え、雄次郎は肩の重い荷を下ろした。およそ四カ月間留まった兵庫沖を離れ、帰還のため品川へ向かって他の諸艦船と一斉に錨を揚げたのは五月十六日の七ッ時（午後四時）頃。天保山沖の出発からのこの航海は、天候に恵まれ波風に煩わされることのない海上平穏な最良の航海日よりであり、五月二十日に品川に無事帰還し、発機丸による供奉の役割を無事終えた。

さて、雄次郎が発機丸での将軍供奉を終え、航海中に損傷した蒸気機関の不具合の修理に入っていた頃から、京都を舞台にした尊王攘夷派と京都守護職のもとにおかれ反幕府運動の取り締まりにあたっていた新撰組など反尊王攘夷派の抗争も激しさを増していた。発機丸の修復作業は五月二十八日に終ったが、幕府は加賀藩に長州藩を中心とした尊王攘夷派の京都での暗躍に対応するための武器などの大坂への輸送を依頼してきた。

藩命によって雄次郎の指揮のもと、発機丸は六月五日朝五ッ半時（午前九時）に品川を出航、禁門の変を間近に控えた幕府軍に荷を届けたが、この禁門の変は長州の敗北におわり、この変に際して京都に詰めていた世嗣慶寧が、幕府の命令を無視して、長州に肩入れするかのように退京したことで負い目のあった加賀藩は、十月になり長州藩征伐従軍を幕府に乞い、十一月初旬にそれを幕府から再度命じられ、加賀藩兵が長州に向け出発するなど、積極的に征長軍に参加することになる。

このようなことから、雄次郎は発機丸で長州征伐に絡み藩老長連恭《つらやす》（大隅守）が率いる藩兵の輸送に当たることになる。京都の宿営建仁寺に勢揃いした五八〇余名の加賀藩の征長軍が出陣したのは十一月二十八日。総勢の内の一五〇人余りが藩老長連恭に従って発機丸に乗り込むことになり、天保山沖で待つ雄次郎率いる発機丸は、五日に荷物を積み込み、藩老長連恭らを待ったが風波高く、予定が伸びて七日にようやく錨を揚げ、目的地の芸州（広島）江波村に上陸させたのは十二月十四日であった。

十二月二十四日、長州藩は罪に復したため、雄次郎が率いる発機丸は、藩老長連恭に率いられた藩兵を翌年慶応元年正月に大坂に還航したが、この大坂までの任務を終えた雄次郎は、まもなく国許に帰るよう命じられ、陸路で帰藩、二月には軍艦奉行、五月には横目となり一五〇石を加増され、幕府から供奉の功績を賞され千両の白銀を賜り、七月には征長軍の安芸進軍に関する功績を賞され藩主より白銀、礼服などを賜った。

その後の雄次郎の藩内での仕事ぶりについては明確に出来ない。ただ、あれだけ発機丸で活躍したにもかかわらず、同艦の購入以後、藩は李百里丸など何隻かの軍艦を保有し、俗に言う梅鉢海軍の体制を整え始めているが、それら軍艦を引き続き指揮した様子は見られない。「乾州岡田君行状」によれば、雄次郎は慶応元（一八六五）年九月には盗賊改方兼務の先手物頭となるが、翌年の慶応二年（一八六六）九月、すなわち関沢孝三郎がロンドンに向かって長崎から船出した一カ月後あたりの頃であるが、健康上の理由から一時職を辞したものの、慶応三年の正月には復帰、産物方主任などを勤めた。

◉イギリス船の七尾来航で接待係を務める

慶応三年（一八六七）五月、やがては開港される新潟の補助港を求めてイギリスの軍艦セルベント号が七尾湾に姿を現し、七尾の港に数人が上陸、数日間市内を見聞した。当時の所口《ところのくち》（七尾）町奉行は阿部甚十郎であった。阿倍は慶応元年（一八六五）に藩が有為な若者を選抜して長崎に送った留学生の一人で、同じく留学していた近藤岩五郎が石神良平という薩摩藩士に加賀藩を侮辱されたことから石神を殺傷し、責任を取って自ら命を絶った事件があった時に、押しかけてきた薩摩藩士の高見弥一らに清水金之助（誠）らとともに相対した一人であった。長崎留学の経験を持つ阿部は、少しばかりは英語が話せ、上陸したイギリス人にいくらかの対応が出来たのではなかろうか。話は余談になるが、近藤岩五郎は、留学以前の若かりし頃、発機丸の艦将であった雄次郎のもとで照準方として活躍した経験があった。

阿部からの連絡を受け、驚いた藩は、前田内蔵太《くらた》や村井又兵衛らの重臣を直ちに派遣し、続いて佐野鼎らがイギリス人から得た情報を藩主のもとに届け出る役目を勤めたことがあった。これを前触れに同年七月八日（太陽暦八月六日）、イギリス公使ハリー・パークスは三隻の軍艦を率い七尾に再来し、書記官フリーマン・ミットフォードと通訳官アーネスト・サトウが七尾から陸路で大坂へ向かう途中、七月十三日金沢に到着、堤町の成瀬邸を宿舎に当てられ、二日間の市中見学や藩役人たちとの懇談・宴の時を過ごし金沢をあとにしたのである。この頃、雄次郎はイギリス側に対する接待主任を務めたという。

この頃から中央での政局は急を告げることとなり、十月になると大政奉還、十二月には王政復古の大号令が発せられ、鳥羽・伏見の戦いに始まる戊辰戦争と続き、幕府は倒壊し明治の世となる。鳥羽・伏見の戦いが始まり、幕府から援軍を求められた藩主慶寧は幕府支援のため、老臣村井又兵衛に率いられた幕府を支援するための兵を出発させるが、間もなく、在京の家老前田内蔵太《くらた》が勤王を表明しなければ立ちゆかぬ京都の情勢を藩に進言するために遣わした関沢孝三郎の父房清と里見亥三郎が急使として金沢に到着する。

この進言をめぐって藩内は尊王派と幕府擁護派の間で烈しい抗争を繰り広げ、幕府擁護派の陸原《くがはら》慎太郎は、関沢、里見の二人を、「国是を乱す賊臣である、直ちに割腹を命ずるべきだ」と息巻き、聞き入れられなければ廊下で二人に迫らんとする勢いであったが、万が一、暴力沙汰が起きてはと心配して、二人と陸原が出会うことがないよう気を配った男がいた。それが発機丸で雄次郎とともに艦将の任に当たった安井和介であった。この対立は、最終的には藩主慶寧によって藩論を勤王で統一することで収束し、慶応四年（一八六八、明治元年）一月半ばに、小松まで進んでいた幕府支援軍は引き揚げられたのであるが、この隊列の中に雄次郎の姿があった。かつて発機丸で艦将の職務を分け合っていた雄次郎と安井和介（顕比《あきちか》）は、激動の時代にそれぞれ重要な役目を担って活躍していたのである。

新政府に恭順の姿勢を示し、二月には北陸十三藩の触頭《ふれがしら》に命じられ、北陸道先鋒総督を金沢に迎えた加賀藩は、その後、新政府から北越への出兵を命じられ、官軍の一員として参加することになる。しかし、雄次郎はこの戦いに参加することなく、同年四月に内命を受け京都に登り、執政局議事という役職に就いた。

◉藩治職制の改革で大抜擢される

明治新政府は、政権の基盤を固めるために、諸藩の有能な人物を貢士《こうし》・徴士《ちょうし》として登用することにした。貢士は、明治元年（一八六八）正月十七日、三職七科の制を定めた際、諸藩に命じて差し出させることとした代議員であり、同年二月三日に七科を八局に改めた時に、貢士・徴士の制を定め、同八日に、諸藩に対して五十日以内に貢士を太政官にさし出すよう公布し、諸藩の藩士や市井の者で有才の者を選抜して徴士とした。このような時代の流れの中で、雄次郎は、同年閏五月十二日に徴士を命じられ、中央政府の刑法官権判事となり新政府の官吏の仲間入りをすることになり、江戸府権判事も兼務した。

その後、江戸に移り、江戸府の鎮台（同年五月に設けられた軍政機関）の弁事、江戸が東京と改称された同年七月十七日に設けられた鎮将府（鎮台に代わって行政権も兼ねた機構）の権弁事（行政分野担当官）、同年九月二十日からの天皇の東幸に関する御用掛などを歴任したが、同年十月十八日に鎮将府が廃されたことで役職を離れ、徴士も免じられ帰藩した。

加賀藩で雄次郎より先に徴士に任命された者が一人だけいた。安井和介である。彼はいち早く明治元年（一八六八）三月八日に朝廷から軍防掛を命じられ、同年四月二十三日に徴士となり新潟裁判所判事兼会津征討中軍防掛という厳めしい肩書の役職に就いていた。このように、かつて発機丸で同じ釜の飯を食った仲の二人は、そろって、激動期を巧みに生き抜き、出世の道を歩み始めるのである。

雄次郎が帰藩した直後の同年十月二十八日、新政府は各藩の職制を中央集権的に統一し、諸藩を政府の地方機関として組織するための政策として藩治職制を公布した。この改革の内容は、諸藩に朝政を体認し、藩主を補佐する執政、藩の庶務に当たる参政、この執政・参政から選ばれて、国論を代表して政府の議員となる公議人を置くというものであった。この人選については、これまでの門閥主義を改めて人材を登用するよう求め、これらの人数など職制の制定権や人事権は藩主に属し、太政官には事後報告するものとされた。

この指示にもとづき加賀藩が改革に着手し、明治元年十二月十五日に人選した顔触れは、門閥主義を改めて人材を登用するという方針からは程遠いものであったため、新政府や藩士の一部から批判が出たものと見え、この年の暮れから翌年の正月にかけて執政・参政に追加任命が行われ改善された。この時、雄次郎は参政に追加任命され、かつ執政・参政の中から選ばれて、国論を代表して政府の議員となる公議人にも任命された。

このような経緯から雄次郎は明治二年（一八六九）正月より東京で働くことになったのである。藩の公議人として東京に居を移し落ち着きはじめた明治二年（一八六九）四月一日（太陽暦五月十二日）、「フランス人のフランソア・レオンス・ヴェルニー（当時満三一歳）に導かれ、後に「日本マッチ産業の父」と讃えられる金沢生まれの俊傑清水誠（当時満二三歳）とともに、雄次郎の長男丈太郎の三人がフランス船ラブールドネーズ号で横浜港を出港した。留学時に十三歳であった少年が海外留学をなしえた背景は、父の存在とその意向なしには語れないと思われる。

東京での仕事柄、雄二郎がヴェルニーの一時帰国や清水誠のフランス行きの情報を得て、息子のフランス留学を考えたのではなかろうか。若いころより航海術にある程度の知識を持ち、藩の軍艦も操っていた雄次郎が、横須賀造船所に無関心であったとは思われず、故郷を同じくする清水の存在も知っていたのではと思われる。むしろ、清水が藩へ提出したヴェルニー同行の許可願いも雄次郎が一枚かんでおり、ヴェルニーの一時帰国の情報は清水からもたらされたと考えることもできる。

雄次郎は、息子丈太郎をフランスに送り出した明治二年を遡ること九年前の万延元年（一八六〇）の遣米使節に加わった佐野鼎以降、西欧文化の息吹に接した様々な人々の活躍を見ており、息子の将来を思った時、この機会に西欧での見聞を広めさせ、有為な人材に育つよう期待したのではなかろうか。

フランスでの丈太郎の足跡は、「留学生氏名控」（在仏留学生監督入江文郎作成）に見える「千八百六十九年七月二日仏国到着、学費五〇〇ドル、クンチアン学校にて普通学修学中」以外、ほとんど不明であったが、到着後、ヴェルニーが清水誠を伴い、彼の故郷ヲーブナーなど南フランスの各地を訪れた際に丈太郎もマルセイユでの修学に差し障らない程度に、しばしば二人の仲間に加わり見聞を広めたことが知れることとなった。

そのことを今に伝える史料がさいたま市在住の雄次郎の後裔である岡田家が所蔵される清水誠の手になると思われる「佛蘭西遊国日記」である。この史料を岡田和恭氏から父岡田幸雄氏の所蔵であるといって拝見させていただいたのは平成二十一年の八月初旬であった。細かな筆使いで書かれた墨付き十八丁の袋とじの小冊子は、翻刻するには骨が折れたものの、私には実に興味深く思われたため、この史料に出会うことのできた不思議な御縁と全文の翻刻および、現代語訳などを既刊拙書『海を渡ったサムライたち』（平成二十三年四月、北國新聞社刊）に収めたので、ここでは詳細は略する。多少横道にそれるが、雄次郎の息子丈太郎とともにフランスに向かった清水誠とヴェルニーの二人について少しばかり紹介しておきたい。

◉若き頃の清水誠とヴェルニー

清水誠は、弘化二年（一八四五）十二月二十五日（太陽暦では一八四六年一月二十二日）に金沢御徒町《おかち》に住む御算用者（藩の会計を司る算用場の役人）の嶺新兵衛の六男として生を受け、金之助と名づけられた。幼少期の頃から理数系の才が傑出していたので、嶺家と同様に算用者であったが、跡取り息子のいなかった清水家に求められ、文久元年（一八六一）同家の養子となり、その年の九月から御算用場雇いとなって活躍していた。満十六歳頃の話である。慶応元年（一八六五）七月、加賀藩は、優秀な若者数十人を長崎に留学させたが、才能豊かな若者として、当時十九歳であった金之助も留学生に加えられた。

清水は、長崎大浦町の加賀藩御用達の藤谷直三郎新宅に、近藤岩五郎、後藤喜兵衛、山田外男らと四人で下宿し、勉学にいそしんでいた。翌同二年九月十三日の五ッ半時頃（午後九時頃）、この下宿先の前をほろ酔い加減の石神良平ら三人の薩摩藩の留学生が通り過ぎた際に、彼らが吐いた加賀藩を侮辱する言葉を聞きつけ、喜兵衛と金之助が表に飛び出して追い払った。

しかし、間もなく石神ら三人は再び引き返し、加賀藩の士風についてまで蔑《さげす》むような言葉を発し、抜刀して下宿屋の扉を傷つけたため、酔っているとは言え聞き捨てならぬと、今度は岩五郎と金之助が表に出て彼らと相対した。石神に切りかかられた金之助が彼の刀を打ち払い落としたものの、刀を拾い上げた石神が今度は岩五郎に切りかかってきたため、岩五郎は小刀を抜くや彼の胸につき刺し一刀のもとにあの世へ送るという事件があり、大騒動となった。

さて、岩五郎はこの事件が引き金となり、薩摩藩と加賀藩の間に難題を引き起こすことになってはならないと考え、藩の指令を待たずに切腹して果てた。岩五郎の最期を聞き、その遺骸を未届けに来た薩摩藩士は、「感服いたし候」などと述べ、薩摩藩も関係した者を処分し事はおさまった。近藤が自らの命を絶ったのは満二十一歳。以前、十代の頃に清水が御算用場で働いていた頃、岩五郎は将軍上洛の供奉を果たすべく文久三年（一八六三）十二月二日夕方、七尾の港から品川沖へ向かうために冬の日本海に乗り出した発機丸の乗組員の一人として活躍していた。発機丸での役職は、関沢孝三郎の兄である安太郎とともに照準方であった。岩五郎が発機丸から下船した後、ほぼ同い年の二人は揃って長崎に留学生として派遣され、同じ屋根の下に下宿をして、石神刺殺事件に巻き込まれたのである。

幕府は、安政二年（一八五五）に長崎に海軍伝習所を設け、その後、海防に備えるための艦船建造修理工場の創設を計画、当時我が国に駐在していたフランス公使ロッシュに、技術者の斡旋を持ちかけたが、彼の推薦した人物がヴェルニーであった。幕府は、元治元年（一八六四）十一月、彼の採用を決め、工場設立に踏み切り、慶応元年（一八六五）正月にヴェルニーが来日、ただちにロッシュや幕府の要人たちを集めて工場の設立案を検討し、幕府がフランスに派遣した外国奉行柴田剛中《たけなか》（日向守）らをツーロンの海軍の諸施設を案内、フランス政府の許可を得て、正式に幕府の御雇外国人となった。その後、彼の提案をもとに、幕府はフランスの地中海に面した軍港ツーロンを模して、地形の類似する横須賀湾に慶応元年九月に横須賀製鉄所を造ることして起工式を行い、買い付けた器械類を据え付け、まもなく工場も完成させた。

ヴェルニーは、明治八年（一八七五）まで、通算十三年間の長きにわたって横須賀で勤務、日本の近代化のために尽くしたが、この間の明治二年（一八六九）三月十八日（太陽暦四月二十九日）におよそ十カ月の休暇が認められ、明治二年（一八六九）四月一日（太陽暦五月十二日）に横浜港を出港し、明治三年（一八七〇）二月十二日（太陽暦三月十三日）に横須賀に帰ったことがあった。この休暇期間を利用したヴェルニーのフランス行きの往便に丈太郎は清水とともにフランスで学ぶために便乗したのである。清水がこのような幸運に恵まれたのは、それ以前から横須賀のヴェルニーのもとに入塾していたからであった。

清水は、フランスの名門パリ工芸大学（パリ・エコール・サントラル）で学んだが、最初から留学先の学校を決めてからフランスに渡ったわけではなかった。マルセイユに到着し、二カ月半ほどはマルセイユに居を定め生活した後で、南フランスでは入学を希望する学校に出会わなかったために、明治二年（一八六九）九月十五日にパリに向い、パリでアランという人物に就いて学んだ後、明治六年（一八七三）にパリ工芸大学に入学したものと思われる。清水のたぐい稀な能力もさることながら、おそらくこの入学もフランスの官吏という立場にあったヴェルニーの力添えがあったに違いない。岡田丈太郎は、マルセイユに到着すると直ちにフランスにおける一般的な学校に入学し、普通教育を受けたらしいが、これもヴェルニーの世話によるものであったろう。

明治七年（一八七四）十二月九日、金星が太陽面を通過するということがあり、フランス政府がわが国に派遣した天文観測隊の一員に清水を加え、この一行に加わる形で清水は帰国した。この時、清水は月俸一〇〇ドルで観測員に加えられたのであるが、彼にとっては誇りであったらしく、後年になっても「自分で売り込んだわけでもないのに、日本人で外国政府から俸給を受けたのは、これが初めて」と大いに自慢していたという。

この金星の観測を終え、翌明治八年（一八七五）二月、清水は久方ぶりに郷里の金沢に帰ったが、同年四月に上京し、マッチの製造に本格的に乗り出すことになる。

清水誠は、これまでの手工業的な生産方法を機械作業に改め、新工場を造り再建を図り、より良質なマッチ製造を行ったため、輸出は伸び、明治十一年（一八七八）五万三千九五六円であったマッチ輸入額は、二年後の明治十三年には、千一六〇円に激減する一方、同年の輸出額は三十七万円に急伸し、やがてわが国から輸入マッチはきえることになった。

これだけの成功を収めていた清水が創設した最初のマッチ製造会社、新燧社《しんすいしゃ》であったが、明治十六年（一八八三）ころから、全国業者の中には粗悪品を輸出する者や売れ行きの良い商品の商標を模倣する者がいて、日本製のマッチの評価が落ち、新燧社もその影響を受けたこと、外国商社によるダンピングが横行したこと、新工場建設のための負債などの経営圧迫などが要因となり、徐々に経営が悪化、明治二十一年（一八八八）十二月末に、外国債主の厳しい取り立てによって破産、新燧社は解散せざるを得ないことになった。

清水は科学の研究者であると同時に、わが国近代化のために国を富まそうと努力した起業家でもあった。そして、新燧社の解散までの清水は後者に比重を置いていたように思われる。しかし、大阪での清水は、起業家としての姿勢は持ち続けつつも、専門の機械学に立ち戻る姿勢も示している。それにより明治二十九年（一八九六）には、「摺付木軸配列機」、翌年には「マッチ軸配列機」の特許を取り、これが各地のマッチ工場で使われ、わが国のマッチ工業発展につながった。

しかし、明治三十二年（一八九九）の一月、すなわち満五十二歳の誕生日前後に、急性肺炎に罹り入院、二月八日に現在からすれば若くして生涯を閉じることになる。墓は金沢野町の玉泉寺にある。江東区亀戸天神社境内と金沢の卯辰山飛鳶台《ひえんだい》には顕彰碑が、東京都立両国高等学校の校地内に最初のマッチ製造会社「新燧社」を建設したことを示す「国産マッチ発祥の地」と刻んだ記念碑がある。なお、五月十二日が、「マッチの日」とされるのは、清水がヴェルニーとともに横浜を出港した日にちなむものである。

◉新政府の海外視察団に加わりヨーロッパへ

話を雄次郎のその後に戻すことにしたい。明治二年（一八六九）六月十七日、新政府は諸藩に許可する形で版籍奉還を断行した。家禄を十分の一に削減され、参内して天皇から「列藩の標的」となることを求められ、加賀藩主から金沢藩知事（知藩事）となった藩主慶寧は明治二年七月八日に新政府から命じられた藩治職制の改革命令を携えて七月末に金沢に帰ったが、このような改革と新政府に対する藩の姿勢に対して不満を唱える者も少なくなかった。そのような不満分子を説得し、不満を封じ込める前面に立ったのは、この頃には加賀（金沢）藩士であると同時に、中央官僚の顔を備えていた雄次郎であった。

同年九月五日に行った藩治職制の改革で示された人事で、雄次郎は前田直信、横山政和とともに最高位の大参事に就任、発機丸の同僚安井和介もまた権大参事に抜擢された。多くの下級藩士の中から、安井和介が抜擢されたのは、幕末維新期において彼が一貫して尊王的な姿勢を貫いたこと、また、いち早く徴士に任命され、中央官僚としての資質を備えたことにもよるが、発機丸以来の雄次郎との深い因縁も見逃せないと思われる。

その後、雄次郎は明治三年（一八七〇）閏十月に職を退き、同年十一月からは家扶《かふ》となって前田家に仕えるが、廃藩直前の明治四年四月に新政府が派遣した海外視察団に一員として加わった。この使節派遣事業は、新政府が、これまで地方行政に当たり、また今後もそれが期待できる人々を政治、行政、学術などの分野におけるリーダーとして育成することを目指し、選抜して海外視察をさせようとしたものであった。

新政府は明治三年十一月、全国の十五の大藩に、それぞれ二名の視察員を派遣するように命じたので、藩は雄次郎と陪臣篠原家のお抱え医師で、長崎で医学を学び、その後、伍堂卓爾《ごどうたくじ》とともにロンドンに渡った経験を持つ吉井立吉をその任に当てた。雄次郎は、国許においても、また、中央政府においても覚え目出度い存在であったことは疑いなく、派遣の趣旨から誰しも依存のないところであったし、彼自身もこの機会にすでに送り込み留学させている息子丈太郎と視察先で会うことが出来るかも知れないとの思いで積極的に参加を望んだかも知れない。吉井は、先に渡欧して帰国後、公儀人付属東京詰を命じられたことから当時公儀人であった雄次郎と接点が出来、彼の推挙を得たのではないかと思われる。

しかし、この視察団にはもう一人金沢藩から加わった者がいた。雄次郎と同時期に徴士に採用され、刑法官権判事兼江戸府権判事を務めた後、帰藩して藩の少参事試補となり、行政官として頭角を現し、この頃には権大参事の立場にあった北川亥之作という人物である。彼は各大藩二人の国費派遣以外に、藩費による参加として許可されたものであった。

雄次郎が参加したこの視察団の行程について、「乾州岡田君行状」には横浜出港は明治四年（一八七一）四月四日、同二十五日サンフランシスコ着、六月五日アメリカを発してイギリスへ、その後、フランス、スイス、イタリア、オーストリア、プロシア、ロシア、トルコ、エジプトを巡り、同年十二月九日に香港に到着、上海、長崎を経て明治五年（一八七二）一月に東京に着したと記している。しかし、明治四年三月十七日付けの新政府から藩に宛てた御達によれば、雄次郎と吉井は四月中旬頃に渡航させるので、東京に出てくるように命じ、二人の海外渡航を命ずる「御沙汰書写」の日付は四月三十日となっており、「乾州岡田君行状」の記述と合致しない。どのように考えるべきであろうか悩ましい。

さて、このヨーロッパ視察中に雄次郎はフランスに留学していた息子丈太郎と対面した。おそらくその時に写したと思われる写真が石川県立歴史博物館に蔵されているが、これには、雄次郎と吉井、北川の視察団に加わった三人のほか、雄次郎の息子丈太郎、清水誠、黒川誠一郎、不破与四郎、佐雙左仲《さそうさちゅう》の八人の姿が見える。この写真の裏には、八人の名前と、一八七一年八月の月日、またイギリスでの撮影となっているが、明治四十四年（一九一一）に発行された『加越能時報』では、フランスのパリで撮影されたと記されている。さて、どちらが事実であろうか、断定しかねる。

◉将棋と謡曲を楽しんだ晩年と娘たち

その後、雄次郎は、明治八年（一八七五）九月に渡航前に就いていた前田家の家扶に再度招かれ、明治十五年（一八八二）におよそ七年間仕えた前田家の家扶を病のために辞した。前田家の不動産や動産の管理、番人、御者、馬丁、大工、植木屋、宝物警備係、家政婦など数十人にもおよぶ各種多様な人々の指導や管理をする頭をつかさどる家扶の職務は激務であった。

このような多忙な毎日から開放された晩年の雄次郎は、以後悠々自適の生活に入り、将棋と謡曲を楽しんだ。将棋の腕前は二段であったというが、この時期に集めた将棋に関する本は、高価で貴重なものを含め三百余にのぼった。家族には自分の死後、これらの書のすべてを上野の帝室図書館に寄付し、散逸しないように言い含めた。

国立国会図書館には、「岡田（乾州）文庫」が所蔵されているが、これは雄次郎の遺志にもとづいて、明治三十二年（一八九九）に彼の長男丈太郎が寄贈したものである。その後、明治二十五年（一八九二）から前田家本郷邸内の編輯局で前田家の歴史に関する探索蒐集に従事したが、同三十年春に病に罹り、同年八月六十一歳の生涯を閉じ、今は東京駒込の長元寺に眠っている。

最後に雄次郎の子供たちについて付記しておきたい。岡田雄次郎は、長男の丈太郎と次男徳次のほか、三人の娘をもうけた。フランスに留学した長男丈太郎は、帰国後は横浜に住んで実業家として活躍したが、次男徳次とともにその生涯は詳らかではない。雄次郎は、二人の息子のほかに三人の娘に恵まれた。

小木貞正に嫁いだ長女友、桜井錠二に嫁いだ次女三子（「乾州岡田君行状」では三）、味の素の発明者である池田菊苗《きくなえ》に嫁いだ三女貞子（「乾州岡田君行状」では貞）の三姉妹である。次女三子の夫桜井錠二は、七尾語学所で加賀藩が雇った御雇外国人のオーズボンの薫陶を受け、明治四年（一八七二）に上京して大学南校で学び、明治九年（一八七六）文部省の第二回海外留学生となりロンドン大学で化学を学んで、東京帝国大学に奉職し、わが国における最初の理学博士となり、日本学士院院長にもなった傑出した人物であった。

この桜井錠二には、房記と省三という兄がおり桜井三兄弟と謳われたように、何れも秀才であった。錠二より二歳年上の兄桜井省三は、十三歳の丈太郎がフランス留学した頃には十五歳であるが、その後、大学南校、横須賀造船所に学び、明治十年（一八七七）にフランスのシェルブールの海軍造船学校に留学、帰国後は海軍艦船の建造を指導した人物であった。

岡田家と桜井家が姻戚関係を結んだことにより、歳の近かった岡田丈太郎と桜井省三には交流する機会が生じたと思われる。また、丈太郎がフランス行きをともにした清水誠が、桜井省三が学んだ横須賀造船所の先輩であるという由縁で、清水がフランスでの体験を綴った「仏蘭西遊国日記」が、桜井の参考のために岡田丈太郎を経由して桜井の手に渡り、何らかの事情で岡田家に留り、岡田家に伝わったのではなかろうかと推測する。しかし、私はこの自身の見解に自信があるわけではない。これについては、誰かが明快な回答を与えてくださることを願うとともに、私自身も明確になるよう努力を続けたいと思う。

3

発機丸の機関方棟取として活躍
浅津 富之助
―下級陪臣から貴族院議員に―

◉下曽根塾で学んだ佐野県の後輩

慶応三年（一八六七）九月、留学するためにロンドンへ旅立った浅津富之助という加賀藩士がいた。すでに一年前に関沢孝三郎と岡田秀之助の二人が、薩摩藩の五代友厚のはからいで、同藩の留学生派遣に加えてもらい、加賀藩最初の海外留学生としてロンドンに渡っており、加賀藩では三人目の海外留学生であった。

さて、関沢、岡田が渡欧する際、当初薩摩藩は、三名の加賀藩士を仲間に加えることを了解していた。それが二名となったのは、何らかの事情で同行が叶わなかったもう一名がいたはずである。その一名が富之助でなかったか。

そのあたりの事情に関する推察は後述することとして、まずはロンドン留学に至るまでの富之助の足跡をたどることとしたい。富之助は、天保九年（一八三八）六月、加賀藩士九里《くのり》家の陪臣で禄三十俵ばかりの下級身分の浅津九右衛門吉幸の次男として生まれた。優れた能力を持ち、向学心旺盛であった富之助が江戸に出たのは安政二年（一八五五）の暮で満十七歳の時。江戸では、加賀藩士の多くが入門した村田蔵六（大村益次郎）の鳩居堂の門をたたき、その後、安政四、五年の頃に下曽根信之（信敦・金三郎）の塾の門を叩いた。

下曽根信之は、若い頃から海防に強い関心を持ち、天保十二年（一八四二）に高島秋帆《しゅうはん》が江戸に登って洋式軍事操練をした時に幕府の鉄砲方として立会い、その後、高島流砲術指南の許可を幕府から受けた人物で、ペリー来航に際しては、銃隊を指揮して警固に当たり、富之助が江戸に出た安政二年に幕府によって設けられた講武所の砲術師範となった。

下曽根は前々から自身の塾を開いて後進の指導にも積極的であったから、佐野鼎などは富之助が入塾する十年も前の弘化四年（一八四七）に塾頭になっており、富之助が入塾した頃には、その実力が買われて、加賀藩に西洋砲術師範頭取役として召し抱えられていたのであり、言ってみれば富之助にとって佐野は同じ下曽根塾で学んだ大先輩ということになる。また、この頃細川潤次郎に就いて英語も学んだ。

細川潤次郎は、富之助より四歳ばかり年上で、土佐藩の儒者の家に生まれたが、安政期に長崎に留学してオランダ通詞に蘭学や兵学を学んだ後、安政五年（一八五八）に江戸に出て、幕府の海軍操練所で学ぶとともに、土佐の漁師で漂流し、アメリカ船に救助され十余年アメリカ暮らしの後に帰国したかの有名なジョン万次郎こと中浜万次郎に師事して英語を学んだ人物であった。また、維新後は、工部省の役人としてアメリカに留学、帰朝後は中央政府の要職を歴任し、枢密院《すうみついん》顧問官、貴族院副議長、学士院会員などを務めた逸材でもあった。ジョン万次郎から生きた英語を学んだ細川に師事した富之助の英語の力は、その後の彼の人生に大きな財産となった。

富之助が江戸での修学をひとまず終えて国許に帰ったのは、文久元年（一八六一）。翌年の九月に藩が江戸軍艦操練所への入学希望を募った。幕府がすでに万延元年（一八六〇）六月に諸藩に江戸の軍艦操練所に諸藩からの入学者を募ったことに遅ればせながら対応したのである。富之助はそれに応募して修学が認められ再度この年の暮れに江戸に出て、翌文久三年一月から軍艦操練所で学び始めたが、せっかく学び始めたものの、二カ月後には軍艦操練所を去らねばならない事態となった。藩がイギリスから買い発機丸と名づけた軍艦を文久三年正月八日に横浜で引き取り、その後、佐野鼎らによって国許に廻航するため、機関に詳しい富之助をその任に当たるように命じたからである。

発機丸は文久三年三月十七日、金沢城下の西に位置する宮腰（金石）沖に姿を見せた。発機丸の国許への到着は人々の関心を集める大きな出来事であり、特に黒船の心臓部である蒸気機関を見事に繰つり、国許に廻航した富之助は、一躍注目される存在となった。

◉箱館を経由して品川への苦難の航海

さて、発機丸が宮腰に姿を見せた三月中旬に先立つこの月の初め将軍家茂が上洛、公武合体の推進を図ろうとしたものの、攘夷運動の攻勢を受けて、攘夷期限を五月十日と奉答せざるを得ず、六月に江戸へと帰らざるを得なかった。家茂が公武合体の実現を図るために再度軍艦を以って上洛することの奉書が藩に届いたのが十一月十二日。間もなく予想した通り発機丸および乗組士官ともども、将軍上洛の供奉艦として幕府に借り上げられることとなる。

相前後して富之助は軍艦蒸気方頭取に任用され、発機丸を品川へと向かわせる任務に就いた。発機丸が七尾から冬の日本海に乗り出したのは文久三年十二月二日（太陽暦一八六四年一月十日）。箱館を経由して津軽海峡から太平洋側に出て南下、十二月二十七日夕刻に指定された品川の停泊地に錨を下ろした。明けて文久四年（一八六四）正月五日の早朝から、富之助は沢田直温《なおはる》ら蒸気方の乗組員に指示し、出帆の準備に入り、七ッ半時（午前五時）過ぎ、発機丸はようやく品川沖を出航し、紀伊半島をめぐり十三日の夕方に兵庫港に入港、当初の将軍家茂の上洛を供奉する役目を無事終え、富之助は安堵した。

その後、発機丸は、およそ四カ月間兵庫沖に留まり、五月十六日の夕暮前に将軍お供の奥諸衆、伊庭軍兵衛など四十五人を乗艦させ、他の諸艦船と一斉に品川を目指して錨を揚げ、五月二十日の朝に品川に無事着船し、江戸帰還の供奉の役目を終えた。

しかし、この品川帰還の発機丸の艦上には富之助の姿はなかった。富之助は、発機丸が品川に着した頃には、すでに金沢に帰藩しており、壮猶館で英語教授の任に就いていた。富之助が、他の二人の蒸気方棟取に後を託して発機丸から下艦した正確な時期は詳らかではないが、一月中頃に兵庫沖に着いてそれほど期間をおかない時期であったのではなかろうか。

これからの話はあくまでも想像であるが、横浜から国許への廻航までは順調であったが、国許から品川、品川から兵庫沖の航海中、発機丸の蒸気機関は何かと故障しがちであった。富之助はその都度、懸命に修復をして供奉船としての役目を果たしてきたが、蒸気機関の運用と修復に、はなはだ自信の持てない場面があったに相違ない。後に分かったことであるが、発機丸の蒸気機関は富之助が訓練中に習っていたものと違っていたからである。

発機丸は富之助が艦を離れた後も品川と天保山間や、長州征伐軍の輸送に当たったのであるが、常に蒸気機関の故障に見舞われ、ついに兵庫沖で抜き差しならぬトラブルを引き起こし、最終的には国許に帰ることなく、長崎製鉄所に曳航され、そこで修理せざるを得なくなった。しかし、長崎製鉄所に雇われていたオランダ人の技師でさえ、その修理を円滑に出来る能力がなく、当時長崎にいたイギリス商人のグラバーの配下で発機丸の製造に携わり、発機丸の機関を熟知している人物がいうには、「発機丸の蒸気機関はイギリスで新しく開発され、初めて製造したもので、発機丸以外に同種の蒸気機関はなく、オランダ人も知らないはずだ」と。

要するに、一通りの蒸気機関の知識を得ていた富之助ではあったが、発機丸の蒸気機関に手を焼くのは当然であったのである。そのような事情を当時知らなかった富之助は、必要以上に自分が蒸気方を勤めるには力量不足と思ってしまい、他の乗組員より一足早く下艦することを希望したのではあるまいか。壮猶館の英学教師として勤めながら、それに満足できず、かつて発機丸の七尾廻航のために修学続行を中断した江戸軍艦操練所への再入学を願い機会を待ったのは、蒸気機関に関する自身の力量不足を補いたいと強く思ったからではなかろうか。

◉江戸軍艦操練所への再入学

再入学の機会は意外と早くやってきた。元治元年（一八六四）十月二十四日に金沢を出発し、東海道経由で翌月の十一月二十二日に江戸に到着するという実にのんびりとした行程の旅の列に富之助は加わることになった。この旅の列の主人公は溶姫《ようひめ》。第十三代藩主斉泰《なりやす》の正室で、十一代将軍家斉《いえなり》の娘である。彼女が満五十歳にして初めて自分の主人の国許である金沢に来たのは前の年の四月であった。横山政和という藩の重臣が思い出話を綴った覚書には、幕政改革があって諸藩の家族は勝手に国許へ行くことが許されたが、溶姫は将軍家の出自であったため、幕府の許可が得られなかった。しかし、この年の将軍家茂の上洛で五月十日を攘夷決行の日と定められたために、外国に注目され、また海岸に近い大都会の江戸での住まいは危険であると幕府の要人を説諭して、溶姫の金沢行きが決まったと記している。

しかし、せっかく主人の国許に身を寄せながら一年半後に金沢から江戸に帰ったのには理由があった。この年、元治元年七月に京都を舞台に勃発した幕府と長州藩の武力衝突、いわゆる禁門の変（元治の変、蛤御門の変）は、長州藩側の敗北に終わったが、この時に京都に詰めていた加賀藩の世嗣慶寧《よしやす》、すなわち溶姫の息子は、幕府から命じられた京都守衛を放棄して退京し、消極的ながら長州に味方するような姿勢を取ったため、厳しい批判を多方面から受けることになった。また、攘夷推進の急先鋒であった長州は、八月に四ヵ国連合艦隊の下関砲撃に敗北して、講和をむすび攘夷運動を見直す姿勢を取り始めるし、幕府は禁門の変での勝利から長州征伐を決定、一度ゆるめた参勤交代の制度をもとに復することにもした。

このような禁門の変後の社会の動きで、溶姫が金沢に来る理由の一つであった江戸が攘夷決行によって外国の砲撃を受けるという心配がなくなり、また、禁門の変で幕命に逆らった事を不祥事であると追及されている息子を救うために、加賀藩は参勤交代の緩和を見直した幕府の姿勢に早々に対応して、正室である溶姫を江戸に帰還させた方が良いと考えたと思われる。

話が横道にそれてしまったが、溶姫の江戸への引き返しは、江戸に出て軍艦操練所への再入学を懇願していた富之助にとって渡りに船の出来事であった。江戸に到着するや富之助は、軍艦操練所で学び始めながら、横浜まで足をのばし、イギリスの軍人に近づき英語を学び、翌慶応元年（一八六五）二月には、再び下曽根塾に入塾して学び始め、同門の先輩赤松小三郎の依頼を受け、『英国歩兵練法』の一部を翻訳し、自らが指揮を執って、下曽根塾の塾生たちにその翻訳本に則って訓練を実地した。

さて、この『英国歩兵練法』については、『日本洋学編年史』（昭和四十年刊）では、「本邦の新兵制を確定する基礎をなするもの」と高く評価し、これが訳者は、上田藩士赤松小三郎としている。また、日蘭学会が編纂した『洋学史辞典』（昭和五十九年刊）も訳者は赤松のみを挙げている。このような見解にたいして、平成三年に論文で異論を唱えられたのは、地域史の先学今井一良氏であった。氏の検証によれば、『英国歩兵練法』の翻訳には富之助が関わったことは間違いなく、現在上田市立博物館が所蔵する翻訳本の『英国歩兵練法』の奥付には、富之助の名前が明記してあり、富之助の名誉のためにもそのことは付け加えておきたい。

富之助の力量を買い、『英国歩兵練法』の翻訳を彼に依頼した赤松小三郎なる人物について紹介しておきたい。赤松は、富之助より七歳年上で、信州上田藩士の芦田家の次男に生まれ、二二歳の時に同藩の赤松家の養子となった。彼はペリーが来航する以前の嘉永二年（一八四九）すでに江戸に出て、数学者・蘭学者として高名で、瑪得瑪弟加《マテマテカ》塾（数学）と名づけた家塾を開いていた内田弥太郎に師事し、天文・数学・蘭学・測量を学び、さらに下曽根信之のもとで洋式兵学を学んだ。安政三年（一八五六）には、勝海舟の推薦で前年に開校した長崎海軍伝習所の伝習生にもなった。

その後、赤松は、元治元年（一八六四）の末に横浜に出向いてイギリスの軍人アフリンに英語と英国兵法、翌年の慶応元年から『英国歩兵練法』の翻訳に関わり、富之助に手助けを依頼したのである。この本が出版された前後の慶応二年二月、赤松は京都で家塾を開き、新しい兵法を教授し、京阪地域では名声を博し、彼を招聘しようとする藩が多かったが、最終的には薩摩藩の招きに応じた。

しかし、彼は会津藩の招きにも応じていたため佐幕派とみなす志士達も多く、薩摩を離れるに当たっては門人の一人であった桐野利秋《きりのとしあき》（中村半次郎）は、「いずれの日にか、何時かは敵対することがあろう」と語り、師弟の杯を赤松に返したというエピソードが残されている。翌慶応三年九月、赤松は京都で暗殺され、三十七歳の生涯を閉じた。薩摩藩士が赤松の才能が佐幕派に利用されることを心配して暗殺したとの噂が巷に流れたともいう。富之助にとって赤松は、下曽根塾の大先輩であり、恩師でもあった。富之助は赤松を心から悼んだと思われるが、その心情を書き残した文献は目にしない。

このように富之助は、安政期、文久期、慶応期と三回にわたって江戸に出て学んだが、その間に長州藩出身の戸倉豊之進（伊八郎・祐之）なる人物を知り、彼を金沢に招くことに力を尽した。戸倉は、長崎海軍伝授所（安政二年創設）の最初の伝習に参加し、また高島秋帆や村田蔵六（大村益次郎）に砲術などを学んだ傑人であった。しかし、長州では西洋学を排撃せんとする過激な尊王攘夷派の攻撃対象となり、身の危険を感じ、難を避けるために郷里を離れ、文久二年（一八六二）の暮頃から佐倉に身を隠していたが富之助の世話で金沢に招聘された。

戸倉は金沢では坪内祐之進と変名し、砲術、数学、測量、機械など多方面にわたる西洋学を教えたが、彼が金沢へ招聘された時期については、諸説が錯綜し明確でない。高名な日置謙先生は、『加能郷土辞彙』で、その時期を文久二年とし、壮猶館の数学教師となり、明治二年（一八六九）鈎深館《こうしんかん》という教育機関が設けられ、そこで測量学や機械運用を教授したとされている。しかし、松島秀太郎氏は、論文「梅鉢海軍の士官たち」の中で、金沢招聘の時期については、日置説は疑問であるとされ、その時期は、文久三年以降のいずれかの時期とされている。また、『加賀藩艦船小史』は、その時期を、鈎深館が、壮猶館から独立した慶応二年（一八六六）に招聘されたと記す。しかし、鈎深館が創設されたのは明治二年であり、この記述は間違っているものの、招聘された時期については、そこに記されている慶応二年が正しいように思える。

とにかく、戸倉の博学は誰しも認めるところで、当時加賀藩の算用者で和算の大家であった関口開も彼に教えを乞うたと言い、明治中期に東京の諸学校に入学した学生たちが、いずれも数学に長けており、教師を感心させ、数学は石川県人の先天とはやされたが、これは関口と戸倉の存在があったからだとの話もある。いずれにしてもこの地域に初めて洋算を伝えたのは戸倉であったことは間違いない。その後、戸倉は新政府に能力を買われ、明治四年（一八七一）には海軍兵学寮に招かれ、海軍少佐兼兵学大教授として海軍の指導に当たった。

◉軍艦李百里丸の修理とイギリスへの渡航

およそ一年余り江戸で修学した富之助は、慶応二年（一八六六）の春先に金沢に帰った。確証はないが、この時に彼は戸倉を伴っていたのではなかろうか。それはともかく、富之助が後年に語った話によれば、この帰藩は彼が望んだものではなく、藩の命令でやむなく金沢に帰ったのだという。

富之助が下艦した後、発機丸は慶応元年の初頭に機関部を大きく損傷し、長崎製鉄所で五月から修理に入ったが、修理ははかどらず、イギリス商人のグラバーの勧めで藩が二隻目の軍艦を十月に買い、李百里丸と命名した。しかし、慶応二年の初春にこの艦の蒸気機関が故障し、当時、機関方（蒸気方）であった沢田直温らがその原因を究明しようと試みるがどうにも埒が明かず、七尾港から出航できない始末。困り果てた藩は、問題を解決できる者は富之助しかいないということになり、呼び寄せられたというのである。その頃富之助は下曽根塾で重要な立場に立っており、また、村田蔵六（大村益次郎）に英語の指導も受けていたので、本心では江戸での修学の継続を望んでいたのであった。しかし藩命とあってはいたしかたなく、村田のもとに暇乞《いとまご》いに出向いた。

村田に今回の帰国事情を話したところ、村田は自身が所持する英国で出版された舶用機関に関する書籍を貸し与えてくれた。富之助は有り難くそれを借り受け国許に帰り、李百里丸に乗船、英書を片手に機関を調べたがなかなか故障の原因が分からなかったのであるが、ようやく英書によって、真空計の用途を知り、故障の原因を突き止め、運転にこぎつけることができた。富之助は、当時の自分の持っていた機械の知識はこの程度であったと後年に自嘲気味に語っている。その後、富之助はこの軍艦李百里丸の機関修理の責任者という立場に立ち、かつて発機丸で部下だった沢田直温と再会することになる。

この富之助が村田蔵六のもとへの暇乞いのエピソードは、『加賀藩艦船小史』に依拠したものであるが、村田の年譜では、彼は文久三年の夏以降は藩命で帰国し、明治元年に京都に出てくるまでは、江戸にいなかったから、富之助の記憶違いか、誤伝であるとする説もあること、また、李百里丸の搭乗員に『加賀藩艦船小史』には、沢田の名前が見当たらないことから二人の再会については疑問視する識者の存在もあることを付け加えておきたい。

富之助の帰藩で、李百里丸は一応活動を開始できることになったものの、その後も蒸気機関部は順調とは言えず、しばらくして国許では手に負えない修理が必要となり、富之助は軍艦奉行の金谷与十郎、軍艦頭取で艦将（船長）の陸原《くがはら》慎太郎（惟厚《ただあつ》）の指示のもとで、李白里丸を長崎に廻航した。長崎に来た金谷は、藩に許可を得ることなく藩士の海外留学を命に代えて実行することを陸原と相談し、陸原もこれに同調し、彼らは、薩摩藩の五代友厚を訪ね、加賀藩の長崎留学生三名を、薩摩藩の留学生に紛れ込ませる事を要請し、五代もそれを快諾した。

しかし、長崎奉行の眼を盗み、この年の八月二十五日に船出した船底に隠れてイギリスに向かったのは関沢孝三郎と岡田秀之助であった。当初の三人の中には富之助も入っていたのではなかろうか。しかし、李百里丸の修理個所が機関部であり、また、修理後は七尾に帰る責任が課せられており、富之助は彼ら二人とともにロンドンへ行くことをあきらめざるを得なかったのではないか。そして、これらの任務を果たし終えて次の機会を待ったのではなかろうか。

富之助は修理を終えて七尾に帰り、その後も李百里丸の機関方（蒸気方）として働いたが、翌慶応三年に李百里丸は伏木《ふしき》港から七尾港に帰る際に港口の暗礁に触れて艦底を破損してしまった。当時運用方には辻松三郎ら力量のある運用方がいたとはいえ、発機丸での関沢孝三郎の巧みで豊富な知識を知る富之助は、関沢がいればこのようなヘマはしまいと思ったかもしれない。

七尾には李百里丸を修復するための機材や部品がなかったため、再度長崎製鉄所におくって修理するしかなく、そこで富之助が、李百里丸を長崎に廻航し、そこからイギリスに向かうのが最適であると決まったと『加賀藩艦船小史』には、事故以前に富之助のイギリス留学が決まっていたかのような記述が見えるが真意はどうであろうか。とにかく富之助は同年四月に李百里丸とともに七尾から長崎に向かい、同艦を幕府の役人である高橋作善に引き渡した後、同年九月にイギリスに向かって船出した。

しかし、イギリス到着後、間もなく幕府は倒壊、二カ月後には明治と改元されるこの年の七月に富之助は先にロンドンで学んでいた関沢、岡田らとともに帰国する。富之助のイギリス留学が許可された時期、渡英した際の船便、イギリスでの行動など詳細は今のところ不明な点が多い。

◉招聘した御雇外国人を迎える

新しく登場した明治新政府にとって、海外の息吹に触れ、また、西洋の学問や技術を身につけている者は、これからの国家建設には欠くことの出来ない人材で、積極的な登用が進められた。富之助も力量を買われ、明治元年（一八六八）十二月に新政府に乞われて大坂府判事試補・外国事務掛として出仕することになる。明治二年七月、版籍奉還が行われ、藩が金沢藩と名称を変えたのを機に富之助は金沢に帰り、藩の権少属・外国教師取扱方を命じられた。

加賀藩は、明治元年（一八六八）閏四月に道済館《どうせいかん》という英仏学問所を創設するが、この学校は、巷で「ドウセ、イカン」と揶揄《やゆ》されたとのエピソードが残されており、語学を学ぶ学校としては教授内容が充実していたとは言い難かった。そこで藩は、翌年一月、壮猶館内に英学所を設け、道済館で学ぶ若手の英学生を分離し、その内の優秀な三〇人ばかりを七尾に設けた七尾語学所に送り込んだ。彼らを教授するために招聘されたのがイギリス人の御雇外国人パーシヴァル・オーズボンであった。

その後、英学所が壮猶館から独立して致遠館《ちえんかん》となり、英学所の支館であった七尾語学所も統合され、また、道済館に残留していた生徒の教育機関として設けられ挹注館《ゆうちゅうかん》などの学校で教鞭を取ったオーズボンは、富之助が外国教師取扱方を命じられた頃に雇用の任期を迎えようとしており、また、新しく幾人かのお雇い外国人が金沢に来ることになっていたため、藩は彼らの招聘の対応のために、語学力に長け、また短期間とはいえヨーロッパでの生活を体験している富之助の力を必要としたのである。

幾人かの新しい御雇外国人とは、オランダ人の軍医ピーター・スロイス、イギリス人の語学教師バーナード・リトルウッド、他はプロシア人の鉱物学教師エミール・デッケン、理化教師のヘルマン・リッテル、機械教師のウィルヘルム・ハイゼの五人である。

彼らは、明治二年に渡欧した伍堂卓爾らが契約をして招聘した者たちであったが、藩では財政難からスロイス以外を雇用することは困難であるとして、金沢藩に代わって雇用してくれるところを探さざるを得ない事態となったのである。

伍堂らの努力で、理化教師のヘルマン・リッテルは大坂理化学校に、機械教師のウィルヘルム・ハイゼは兵庫製鉄所で雇用してもらうことが出来たが、他の教師は金沢藩で雇用せざるを得ないことになり、横浜港と神戸港に着く予定の御雇外国人を出迎え、金沢まで引率する主任の仕事が外国教師取扱方を命じられた富之助の仕事になる。藩は彼らの雇用に尽力した伍堂を富之助の補佐に命じた。

富之助の補佐として御雇外国人を出迎え、彼らの雇用に尽力した伍堂卓爾とは如何なる人物であったか。御雇外国人雇用の経緯については、拙書『海を渡ったサムライたち』で紹介しているので詳述は避けるが、その際に書き残したことを補足し、伍堂の人となりについて少しばかり触れておきたい。

◉伍堂の渡欧と御雇外国人の招聘

伍堂は、弘化元年（一八四四）四月、老臣本多氏に家録九十石で手医者として仕える倍臣の長男として城下の小立野亀坂に生まれた（後、竪町、仙石町に転居）。幼名は亀太郎・晋格。壮年になって知則、通称は春格、号は敬甫・石潭。卓爾と改名したのは、明治五年（一八七二）五月のことである。安政五年（一八五八）二月、本多氏の江戸勤番に随行した父に従い江戸に出て、江戸の前田邸から神田駿河台の町医者のもとに通いオランダ語を習得、翌年二月の本多氏の帰国に随行し父とともに金沢に帰った。

江戸で一年間学んだ時の年齢は満十三から十四歳であったことになる。その後、京都の町医師新宮凉民《しんぐうりょうみん》の家塾に入り医学修業を積むが、文久三年（一八六三）六月、将軍家茂が海路江戸に帰るに際して、それに随行した医師石川元貞に従って江戸に出て、種痘所に入塾し、蘭学を学んだ。その後、元治元年（一八六四）一時帰藩した。

慶応元年（一八六五）七月、加賀藩は領内の優れた若者数十名を長崎に留学させたが、伍堂は、私費でこれに同行、当地でフランス語を学び、翌年には幕府が建てた外国語学校済美館の助教に就任、慶応三年五月、その間も、精得館《せいとくかん》（幕府立病院）でオランダの医師マンスフィルドやゲールツの教えを受けながら、翌慶応四年一月に満二十三歳にして、長崎裁判所薬局方の仕事を得た。

慶応四年（一八六八）は、幕府が倒壊する激動の年であるが、江戸が東京と改称され、明治と改元された同年九月頃に伍堂は金沢に帰り、しばらく年寄本多家のお抱え医師をしていたが、再度長崎遊学が認められ、同年十月に長崎裁判所の当直医となった。同年十二月に一度金沢に所用で帰省したが、長崎に戻ってからは、長崎の医学校に入学、長崎病院の当直医に就いていた。

この伍堂のもとへ金沢からやってきた岡島喜太郎、佐野鼎・関沢孝三郎・吉井保次郎と伍堂を加えた五人は、藩命を遂行するためにロンドンを目指し明治二年（一八六九）四月三日にアメリカのコスタリカ号（上海からイギリス船）で長崎を出港、途中の香港から岡島、佐野・関沢は事情が生じて帰国、その後は伍堂と吉井は、シンガポール、スリランカのゴール、スエズ、アレキサンドリア、マルセイユ、パリを経由して、六月六日にロンドンに到着した。

伍堂らに与えられた藩命とは、前年の明治元年（一八六八）、藩の許可を得ず、軍艦奉行の稲葉助五郎に伴われ留学目的でヨーロッパに渡った黒川誠一郎ら四人の者を帰国させ、ヨーロッパで軍艦および兵器を購入し、理化・器械・鉱山・医学等の教師を藩に招くという稲葉の大望は、財政的に困難であることを説得せよというものであった。

金沢市立玉川図書館に蔵されている「伍堂卓爾一世紀事」中の「欧州行紀事」は、この時の伍堂が綴った旅日記であるが、当時の日本人が異文化に触れてどのようなことに感激し、また驚愕したかを知ることが出来る。シンガポールで初めてパイナップルを食べ感激したこと、紅海に入り波が静かになってきた頃から、盛んに甲板上で行われるようになった舞踏の宴を極楽世界とはこのようなものかと感じたこと、アレキサンドリアまでの汽車の旅については、砂漠地方の自然の猛威と汽車のスピードについての驚きなどなど様々な体験が語られている。

伍堂は彼らに藩命に従うように説得するが、留学の断念は承服させることは出来ず、最終的には稲葉と吉井は、直ちにアメリカ経由で帰国することとするが、すでに前年から各地で修学している者たちは、藩の命に服さず修学を継続することを認めるしかなく、伍堂は馬島に同道し、馬島の留学先であるユトレヒトに向かった。

ユトレヒトでオランダ語の習得と乗馬術に励んでいた伍堂は、アムステルダムに来ていたアデリアン氏から医学教師雇用に関する契約を結ぶ手はずが整ったので当地に来るよう連絡を受けた。伍堂は、ドイツ語の堪能な武谷俊三に通訳を依頼し、また、ロンドンから神戸清右衛門を呼び寄せ交渉に入り、八月十七日（太陽暦九月二十二日）に雇用の締結を見たのである。アデリアン氏は、佐野ら三名が帰国する前に上海で晩餐会に招いてくれたドイツのアデレアン商会の社長で、加賀藩が医学教師を求めていることを、知っていたのである。このような経緯で後に金沢に来たのが、オランダ陸軍一等軍医ピーター・アドリアーン・スロイスという医師であった。

その後、伍堂は、ヨーロッパにおける日本人の多くの留学生が勉学に不熱心で、不行状を極めている者も少なくなく、特に「語学に習熟するには婦人との交際を親密にするにあり」と広言するような留学生の存在を知るようになると、このような国費の無駄使いをするより、優秀な外国人を多く招聘するほうが国益にかなうと考えるようになり、スロイス雇用の契約の調印を終えると、神戸に英語学・理化学・鉱物学・機械学の四名の人選と契約を託し、この方針を藩当局に受け入れてもらうべく、九月下旬に慌ただしくユトレヒトを離れ、パリの黒川のもとに立ち寄り別れを告げ、往路を逆行して、同年十二月二十八日の年暮に長崎に帰った。

このような事情から、長崎にいた伍堂は明治三年十一月に、藩から金沢医学館文学四等教師分課通弁係という長たらしい役職名を命ぜられ、浅津富之助に合流してお雇い外国人を迎え、金沢まで引率することになったのである。

◉リトルウッドの客死とその後の富之助

さて、話を浅津、伍堂によるお雇い外国人の出迎えに戻したい。医学教師スロイスが通訳として雇った武谷俊三を伴って、横浜に着いたのは明治四年（一八七一）一月。一年ほど前に渉と改名していた富之助と伍堂は、横浜でスロイス夫妻を迎え、一行は、その足で上方に向かい、神戸港に着いた鉱物学教師エミール・デッケン夫妻とまだ独身であった語学教師バーナード・リトルウッドを迎え、三月下旬金沢にむけて大阪を出発した。

しかし、リトルウッドは、敦賀で天然痘を発症、大聖寺まで来ることができたものの、そこで動くことができなくなってしまった。リトルウッドの世話を依頼し、富之助、伍堂、スロイス夫妻、デッケン夫妻は四月二日に金沢に無事到着した。翌日リトルウッドを助けるために医師である伍堂とスロイス、それに通訳の武谷は、富之助と発機丸で同じ釜の飯を食い、今は金沢医学館の医師となっていた田中信吾を同伴し大急ぎで大聖寺に引き返して懸命の治療を行った。

薬席効なく、残念ながらリトルウッドは彼らに看取られながら大聖寺耳聞山《みみきやま》で客死し、四月下旬に藩は大聖寺において富之助らの立会いの下で、リトルウッドを丁重に弔い、大聖寺出村山の墓地に埋葬し、墓碑も建てられた。今は大聖寺の久法寺横の墓地に移されている彼の墓は、廃藩後、管理されずに荒れ果てていた時期もあったが、明治末期に土地の染物屋である村井利助さんが除草や献花をして守り始め当家の家訓として今も五代にわたって守りが受け継がれ、この美談はイギリスのＢＢＣ放送をはじめ世界各国の電子版で配信され、日本人の誠実さを示すものとして海外でも話題になっている。

やがて明治四年（一八七一）、廃藩置県の断行で金沢藩が金沢県となると、富之助は県の権大属心得となり、権大属にまで昇進する。この年の十一月にもとの金沢藩が金沢県と七尾県、新川県に三分割され、その金沢県の県庁所在地が美川に移され、県名も石川県となる変革が行われた頃を機に東京に居を移したが、その頃に富之助は南郷渉《わたり》と再び名乗りを変えた。

明治五年一月、中央政府の兵部省の役人となり、今度は南郷茂光《なんごうしげみつ》と改名、海軍主計大監を最後に退官し、貴族院議員や明治商業銀行取締役などを勤めたが、囲碁や謡曲を愛し、壮麗な邸宅を構えて晩年を過ごし、明治四十二年（一九〇九）十二月、満七十一歳での生涯を閉じた。なお、幼少から柔道に取り組み、明治三十五年（一九〇二）海軍中尉として遠洋航海の途中、オーストラリアのメルボルンで柔道を実演、海軍少将を最後に退役した後、講道館第二代館長となり、柔道の普及に功績を残した南郷次郎は、富之助の息子である。

4　関沢 孝三郎

発機丸の運用方棟取として活躍

――讃えられた日本水産界の父――

◉密航しロンドンに向かう

幕府倒壊の二年前、すなわち慶応二年（一八六六）八月に、関沢孝三郎（明清《あけきよ》）、岡田秀之助（一六）という二人の加賀藩士がロンドンに向かい長崎を出港した。幕府は世界に門戸を開き、この年の四月に海外渡航の禁を解いたものの、旅券発給の事務が開始されたのは十月であったから、厳密には密航である。明清は、由緒一類附帳に付されたルビや彼の手で英文で記された署名のスペルから読みは「アケキヨ」である。

すでに文久二年（一八六二）には、幕府は鎖国中も長崎の出島を窓口として交流していたオランダに、西洋の知識や技術を学ばせるために十数名の留学生を派遣していたし、秘密裏にそれを敢行する諸藩もなかったわけではない。諸藩の秘密裏の海外留学生の派遣は、翌同三年、長州藩が吉田松陰門下の伊藤博文、井上馨ら五名をイギリス船ケルスウィク号で横浜からイギリスに派遣したのを嚆矢《こうし》とするが、続いて慶応元年（一八六五）には、薩摩藩が英国船オースタライエン号で領内の港から五代友厚《ごだいともあつ》、森有礼《もりありのり》ら十九名を南海群島に派遣すると偽り、すべて変名のうえイギリスに向かわせた。うち五代ら四名は外交的使命をおびた欧州視察を目的とし、任務完了とともに帰国するため、他の者とは違って断髪しなかったという。

その後も、長州は同年にイギリスに三名を、薩摩藩は慶応二年（一八六六）にはアメリカに五名を派遣するなどしていたのである。しかし、加賀藩では、幕府の政策を忠実に守り、積極的に海外に留学生を派遣することはなかった。関沢と岡田のこの年のイギリス行きは、藩の方針として派遣したものではなかったのである。先の十九人のイギリス派遣に続いて、薩摩藩は、この年、イギリスへの追加派遣を計画したが、その派遣に、加賀藩士の関沢と岡田を派遣仲間に加えてくれたのである。

トーマス・グラバーの兄ジーム・グラバーとともに関沢と岡田は、慶応二年（一八六六）八月二十五日（太陽暦十月三日）の夜に薩摩藩留学生に仲間入りし、長崎港からイギリスに向かった。加賀藩は、この二人の海外留学生の派遣について、あたかも二人がまだ出港していないかのように取り繕い、慶応二年十一月になって江戸詰の藩士多田綱之助に幕府へ許可申請を提出させた。幕府の旅券発給の事務が開始されたのが同年十月であったことから、密航にならないよう事務処理をしたのである。

◉発機丸が縁で佐野鼎を知る

孝三郎は、天保十四年（一八四三）二月、禄高二五〇石の藩士関沢房清《ふさきよ》の次男として金沢で生まれた。名は父の一字をもらい明清、通称は孝三郎と名乗った。「孝三郎が来たら下駄を隠せ」と周囲の仲間たちから言われたとのエピソードが語られたのは、一つの仕事が終わるや、次の仕事の思案に気を取られ、玄関先で他人の履物をつっかけてしまうという気ぜわしい性分であったかららしい。

この性分は、父親から引き継いだもので、六左衛門、安左衛門などとも名乗り、歳老いては遯翁《とんおう》とも名乗った父の房清も「関沢は軽躁《けいそう》で、迂闊《うかつ》なことが多かった」と評されもしたが、「邪心がなく、好人物、このんで諸役人の陰徴を暴き、少しの汚穢《おわい》にも手心を加えず、浄化しつくそうとした」との評もあり、横井小楠《しょうなん》が嘉永四年（一八五一）に金沢を訪れた際に親交を深め、横井をして「加賀藩に関沢房清あり」との強い印象を与え、横井はそれ以降、房清に加賀藩の革新を期待した。

また、房清は、鳥羽・伏見の戦いが始まると、京都詰の家老前田内蔵太《くらた》（孝錫《たかてる》）の命で、里見亥三郎とともに急いで帰藩し、世の中が勤王ならでは叶わぬ仔細を説明し、幕府を支援することは藩の利とならないと藩の重臣たちに進言した人物で、一定の先を見る目を備え、社会の動きに対して進取な姿勢を取った能吏であった。このような父の性分を引き継ぎ、父の行動を見ながら孝三郎は成長した。

孝三郎は、幼少のころより父に似て才長け、進取の気風で、学問好きな少年が一般的にそうであるように、藩が安政元年（一八五四）に設けた洋式学校壮猶館《そうゆうかん》で蘭学を学んだのち、満十五歳の頃、江戸に出て江川太郎左衛門や加賀藩士の多くが門を叩いた村田蔵六（大村益次郎）の鳩居堂で研鑽を重ねた。

その後、孝三郎が満十九歳になった文久二年（一八六二）の初頭に加賀藩は、七尾湾に面する万行《まんぎょう》、矢田の両村にまたがる二万坪の敷地に七尾軍艦所を設け、海への備えを強化する政策を取り始め、六月頃になると、将軍の上洛に合わせて諸大名にも軍艦の提供が求められるかもしれないとの情報が届くと、藩主斉泰は、軍艦の保有に関する審議を始め、江戸の軍艦操練所に入り、軍艦に関する実地研究の志願者を募のり学ばせることにもした。

やがて藩主斉泰は、同年の暮に横浜でイギリスから中古の汽走帆船を買い入れた。これが、加賀藩が最初に買い入れた軍艦と言われる発機丸である。発機丸は、佐野鼎、孝三郎、浅津富之助らによって文久三年（一八六三）三月十七日、宮腰《みやのこし》（金石《かないわ》）沖に姿を見せた。藩は上層の藩士たちに見物を許可したが、この日は、波が高く岸から八丁（約八七〇メートル）ばかりの沖に停泊した。孝三郎の眼には小高い丘の上から見物する多くの人々の姿が見えたが、彼らに発機丸を近づけることは終日の高波で叶わなかった。孝三郎は、この発機丸の国許への廻航で始終佐野に従い、彼から西欧社会を見聞することや語学力を磨くことの重要性を学んだ。

◉供奉や長州征伐で役目を果たす

さて、この発機丸は予想した通りこの年の十一月に将軍上洛の供奉艦《ぐぶ》としての役目が与えられ、品川への廻送が命じられた。諸経費二千両を積み込んだ発機丸が所口（七尾）港から冬の日本海に乗り出したのは文久三年十二月二日（太陽暦一八六四年一月十日）。この航海の操艦指揮を取ったのは、運用方棟取の孝三郎であった。

日本海では猛烈な西風と高波に襲われ、苦難の連続であったが、箱館を経由して、指定された品川の停泊地に錨を下ろしたのは十二月二十七日夕刻であった。蒸気機関の故障を修復し、孝三郎の指揮する発機丸が幕府の役人や将軍家茂が朝廷に献ずる荷物などを積み込み、大坂を目指して品川沖を離れたのは、元治元年（一八六四）正月五日の早朝、紀伊半島を巡り、兵庫沖に錨を下ろしたのは正月十三日の夕方であった。

さて、上洛した将軍が海路で江戸に帰るために船出したのは、およそ四カ月後の、五月十六日。この日、将軍お供の奥諸衆、伊庭軍兵衛ら四十五人を乗せた発機丸は、七ッ時（午後四時）頃に品川を目指して錨を揚げた。品川からの往路で苦楽を共にした機関方（蒸気方）棟取の浅津は、すでに下艦しており、孝三郎としては心細かったに違いない。しかし、兵庫沖に留まっていた間に修理した蒸気機関は、品川直前でトラブルに見舞われたものの、比較的順調で、順風にも恵まれ、五月二十日の朝に品川に無事帰還した。

発機丸による品川と上方間の往復の航海を終え、孝三郎は将軍上洛供奉という役目を曲がりなりにも無事終えたのも束の間、発機丸の運用方棟取として幕府の要請で、京都で暗躍する尊王攘夷派に対抗するための武器などの荷物を運ぶ役目を負い、その後、幕府が禁門の変における長州の罪を糾弾すべく発した征長軍に参加した加賀藩兵を、広島の江波村に送り届け、それを終えて翌年慶応元年（一八六五）正月に大坂に還航した。

この大坂までの任務を終えたあと、艦将の岡田雄次郎は、まもなく国許に帰るよう命じられ、陸路で帰藩したが、岡田に先んじて浅津が去っていたため、蒸気機関の取り扱いが雑となったのか、発機丸はしばらくして蒸気機関部を大きく損傷、蒸気方の沢田らの手に負えず、長崎製鉄所での修復以外どうにもならない状況となった。この任に当たるために発機丸の艦将（船長）に任命された金谷与十郎は、三月十五日に金沢を出発し、四月七日に兵庫沖に停泊中の発機丸に乗り込んできた。その後、孝三郎は新しい艦将（船長）金谷の指示のもとで働くことになり、曳航された発機丸は同年五月二日に長崎港に入港した。

長崎に着くと早速金谷は、長崎製鉄所に発機丸の蒸気機関の修理を依頼したが、修理は円滑に進まず、金谷の窮状を知ったグラバーは、しばらくして、新しい軍艦の購入を金谷に持ちかけ、発機丸を下取りに出した場合と、下取りしない場合の金額まで提示してきた。金谷は孝三郎ら数人に軍艦を下見させ、悪い話ではないと思い、グラバーとの交渉に入ることを決断した。

グラバーは長崎から金沢は遠いので藩の許可を得るには往復日数もかかることであるからと、三十日の猶予を与えたが、その期間内に回答が得られない時には他の希望者に売り渡すと言ってきた。そこでこの艦を買い上げることを藩に交渉するために、金谷は、孝三郎を六月十三日に長崎から国許の金沢に発たせたのである。

孝三郎は七月二日に京都に到着し、そこから金沢に行く必要がなくなった。なぜならば、藩主斎泰は京都に上洛中であり、参内など重要な職務を終え、六月末には帰国が許され、七月九日の帰国の準備に入っていた矢先のタイミングで孝三郎を迎えたからである。

金谷の手紙をもとに開かれた京都での重臣会議で軍艦の購入は同七日には即決され、同年十月に買い入れた。この軍艦の原名はサーハラリパルク、加賀藩は李百里丸と命名した。長崎の金谷に吉報を届けるために孝三郎は、京都から長崎に引き返した。

◉浅津との再会と海外への雄飛

京都での李百里丸購入の即決と相前後して加賀藩は、少し前に産物方の運搬船としてグラバーから買い入れた帆船啓名丸に年若い藩の秀才たち五十名ばかりを乗せ、長崎に送り留学させた。加賀藩のみならず、諸藩はこぞって若い有為な人材を長崎に送り込み修学させる風潮があったのである。また、当時の長崎には、諸藩の船や外国船が入り混じって停泊し、諸藩は勿論のこと外国に関する情報も満ち溢れていた。孝三郎は、このような軍艦の修理や買い入れ交渉に奔走する日々の中で様々な情報を得ていたし、長崎に居留しているヨーロッパ人や、他藩の人々とも親交を持った。

　このような体験から、孝三郎をはじめとする長崎に来た藩士たちは、西欧の知識や技術を加賀藩においても取り入れなければならないと感じ、若い有能な若者を長崎に留まらず、海外にも派遣すべきだと考えたに違いない。京都での李白里丸購入即決の知らせを金谷に届けた孝三郎は、派遣されてきた長崎留学生同様にその地で修学に就いた。

　せっかく買い入れた李百里丸であったが、翌年の慶応二年（一八六六）の初春に蒸気機関が故障し、その後も事態が改善できず、長崎で修理せざるを得なくなった。長崎に着いた李百里丸には軍艦奉行に昇任した金谷与十郎、軍艦頭取で艦将（船長）の陸原《くがはら》慎太郎（惟厚《ただあつ》）とともに、機関方（蒸気方）の責任者として浅津富之助、沢田直温の姿があった。孝三郎は、かつての発機丸の仲間であった浅津や沢田に久しぶりに再会したことを喜んだと思われる。

　孝三郎は、浅津から慶応二年（一八六六）の春先に李白里丸の蒸気機関が故障し、どうにも埒《らち》が明かず、江戸の下曽根塾や村田蔵六（大村益次郎）に英語の指導も受けていたが藩命で呼び戻され、なんとか故障の原因を突き止め、李百里丸を七尾港から出航させたが、その後も故障が続き、自分の手にも負えなくなり長崎に来たことを聞き、自分も浅津にこれまでの苦労話をしながら、かつて発機丸で苦楽を共にした話に花を咲かせた。

さて、長崎に来た金谷は、藩に許可を得ることなく藩士の海外留学を命に代えて実行することを陸原慎太郎（惟厚《ただあつ》）に伝え、陸原も協力することを約束し、彼らは、薩摩藩の五代友厚を訪ね、加賀藩の長崎留学生三名を、薩摩藩の留学生とともに海外留学させることを要請し、五代も加賀藩士三人の乗船を快諾したのである。しかし、長崎奉行の眼を盗み、この年の八月二十五日に船出した船の船底に潜んでいた一団の中には、三人ではなく二人の加賀藩士しかいなかった。その一人が孝三郎であり、もう一人は岡田秀之助であった。これが加賀藩における海外留学生派遣の嚆矢《こうし》である。

金谷が考えた当初の三人の中には浅津富之助も入っていたのでなかろうか。しかし、李百里丸の修理個所が機関部であり、その修復が終わって李百里丸を七尾に廻航するに当たっては機関方（蒸気方）の責任者として浅津を下艦させるわけにはいかない事情となったために、富之助は孝三郎らとともにロンドンへ行くことをあきらめざるを得なかったのではないか。そして、これらの任務を果たし終えた後に、機会があれば渡欧することになったのではなかろうか。というのが私の想像である。

孝三郎がロンドンで学び始め、およそ一年余りを経た頃、彼のもとへ浅津がやってきた。再び顔を合わせ、孝三郎は浅津から、自分たちが長崎を離れた後の、浅津と李百里丸のその後の動向を聞くことになる。浅津によれば、長崎で李百里丸の修理を終えて七尾に帰り、その後も李百里丸の機関方（蒸気方）として働いたという。

しかし、翌慶応三年の春先に李百里丸は伏木港から七尾港に帰る際に港口の暗礁に触れて艦底を破損してしまったという。当時運用方には何人かの力量のある者がいたとはいえ、発機丸での孝三郎の巧みで豊富な運用方としての力量を知る浅津は、イギリスに留学している孝三郎を思いながら、お前が運用方として搭乗しておれば、このようなへマはしまいと思ったなどと語ったかもしれない。

この時の李百里丸を修復するための機材や部品が七尾になかったため、同艦は同年四月に七尾から長崎に向かい再度長崎製鉄所に着いた。艦には浅津が乗っていた。浅津は李百里丸を幕府の役人である高橋作善に引き渡した後、同年九月に、孝三郎らを追うように彼の学んでいるイギリスに向かって長崎から船出し、孝三郎らの学んでいるロンドンに到着し、学び始めたのである。しかし、イギリス到着後、間もなく幕府は倒壊、明治の世となる。この年、すなわち明治元年（一八六八）の七月に孝三郎は、浅津、岡田らと共に、修学継続を断念し帰国した。

◉二度目の渡欧は香港まで

幕府が崩壊し、新しく登場した明治新政府にとって西欧の息吹に触れ、その技術を身に付けた人材は貴重であったので、新政府は藩を通じて孝三郎の出仕を求めたが、彼は金沢に留まり、この年に開設された英学所致遠館の創設に加わり、岡田秀之助とともに英学と数学の教師となって若者たちの教育に当たった。

翌明治二年（一八六九）四月六日（太陽暦五月十七日）、上海の街中をもの珍しげに見物する五人の加賀藩士の中に孝三郎の姿があった。他の四人は、加賀藩軍艦奉行岡島喜太郎、佐野鼎、吉井立吉（保次郎）、伍堂卓爾である。この一行に与えられていた藩命は、前年の明治元年（一八六八）、藩の許可を得ず、大望を企て渡欧した藩軍艦奉行の稲葉助五郎と同行した四名の者を説得し、即時帰国させるというものであった。

稲葉が企てた大望とは、ヨーロッパで軍艦および兵器を購入し、理化・器械・鉱山・医学等の教師を御雇外国人として藩に招くこと、また、引率した黒川誠一郎ら四名を留学生として欧州の地で就学させるというものであった。しかし、藩としてはこの大望は財政的に許容する力がなかったために、そのことを稲葉に理解させ、もし購入や招聘について契約が終わっていれば幾らかの償金を相手方に支払い契約を解除するとともに、同道した四名も即時帰国させる必要があったからである。本筋から離れるが、この稲葉は、孝三郎にとって母方の血を引く従兄弟であった。孝三郎の母は藩士松原家の出自であったが、稲葉は、この松原家の次男に生まれ、後に稲葉家の養子となったのである。

話を本筋に戻そう。孝三郎はこの渡欧の途中の香港から岡島・佐野とともに、藩命遂行の任務を伍堂と吉井に託し帰国した。帰国の理由については、伍堂の記録には、上海で催された晩餐会の席上ドイツ人から日本政府の発行している太政官札（政府発行紙幣）が暴落し、経済混乱をきたしているとの新聞記事を紹介され、岡島と佐野はその詳細を聞き、藩政を憂い、渡欧を中止し、帰国すべきではないかとの思いを強くしたからであるなどと記す。しかし、フラーシェム・N・良子氏の研究によれば、加賀藩は、慶応二年（一八六六）に佐野に交渉させてポルトガル商人のショーゼエ・ロレイロから陸蒸気器械類（製鉄器械類）を購入する契約をし、いくらかの前金を渡したものの、その納品が延び延びとなり、一時は裁判にまで持ち込んだことがあったという。それが明治元年（一八六八）の七月になってようやく長崎に到着、藩は翌明治二年三月に手に入れることができたため、この陸蒸気器械類の御聞方主附という重要な立場にあった三人は、器械類の荷揚げや据付、始動の責任上から帰国したのではないかという。

香港から帰国した孝三郎は、明治二年の五月頃から七尾軍艦所内に陸蒸気器械類を配する仕事を総指揮官の佐野鼎のもとで技術参謀として活躍しているから、フラーシェム・N・良子氏の見解はつじつまが合っており説得力がある。

◉加州兵庫製鉄所を軌道に乗せる

その後、孝三郎は、明治二年（一八六九）十一月に金沢藩権少属商法掛を拝命し、兵庫に出張を命じられ、加州兵庫製鉄所の創設に関わることになる。この製鉄所は、孝三郎が金沢藩権少属商法掛を拝命する前の、明治二年五月に、孝三郎とかつて七尾軍艦所で軍艦棟取の任にあった加賀藩士遠藤友治郎、支藩の大聖寺藩士で明治元年四月に大津に造船所を作り、翌年の三月に湖水を運行する小さな蒸気船を進水させた石川専輔《せんすけ》が企画したといわれ、加賀藩が四万七千両、大聖寺藩が三万七千両を投資して、オランダ商人から器械を購入して、借用した兵庫の官地に製鉄所を造るというものであった。

さて製鉄所と言っても、当時は現在の製鉄所とは違い、造船や船舶の修理所を製鉄所と言ったのであり、長崎製鉄所にしても横須賀製鉄所にしても、仕事の中身がなんら変わらないのに、後には、その業務の内容に合わせて造船所と改称している。

明治三年（一八七〇）、七尾軍艦所に孝三郎らによって据え付けられていた十五馬力の蒸気機関やスチームハンマーなどの機械すべてが兵庫製鉄所に移され、仕事を始めたとたんに大聖寺藩が脱落するなど苦難の連続であったが、およそ一年をかけて御雇外国人であるプロシア人の機械学教師ウィルヘルム・ハイゼの力を借りながら、なんとか稼働できるまでになった。しかし、明治四年（一八七一）七月に廃藩置県が断行されると、この年の十二月に、いまだ工場が完成しないまま新政府の工部省に事業は引き継がれた。後にこの工場は兵庫造船所となり、明治十九年（一八八六）には川崎正造に貸し下げられて川崎造船所となった。

この時に、孝三郎を助けたハイゼは、孝三郎が明治二年の春に藩命で渡欧しようとしたものの、岡島、佐野とともに香港から帰国した際に藩命の遂行を託され、その後ヨーロッパに到着した伍堂らが藩に招聘する契約を結んだお雇い外国人五人の一人であった。五人のうちオランダ人の医師ピーター・スロイスとドイツ人の鉱物学教師エミール・デッケンは、藩で雇用したものの、財政上の問題からそれ以外は雇うことが出来なかったためにハイゼは孝三郎のもとに配置されたのである。なお残りの二人の内、ドイツ人の理化学教師ヘルマン・リッテルは大坂理化学校で雇用されたが、イギリス人の英学教師バーナード・リトルウッドは金沢への道中の途中敦賀で天然痘に感染、大聖寺で客死してしまった。

◉ウィーンとフィラデルフィアの万博準備

廃藩置県が断行された直後、明治新政府により、岩倉具視を特命全権とする岩倉遣外使節団がヨーロッパに派遣されることになり、使節団一行を乗せたアメリカ号が明治四年（一八七一）十一月十二日に、横浜沖を離れアメリカに向かった。この船上に、幕府が倒壊することがなければ、第十五代加賀藩主となるはずであった前田利嗣《としつぐ》をサポートする三人の旧金沢藩士がいたが、その内の一人が孝三郎であった。他の二人は、堀嘉久馬と発機丸で孝三郎の配下で運用方士官を勤めた沢田直温《なおはる》である。

加州兵庫製鉄所が、廃藩置県によって新政府の工部省に事業が引き継がれることとなり、孝三郎が上京し、その売却交渉などで奔走していた時に、これもまた、かつて発機丸の運用方頭取として働いていた時に同艦の艦将であり、今は中央政府に出仕していた安井和介に利嗣に随行することを要請されたのである。

利嗣一行は、アメリカで使節団と離れ先行して明治五年一月十一日にロンドンに到着した。利嗣をイギリス上流階級に寄宿させ、当初はイギリス人の塾に入れ、その後地元の小学校に入学させるなどの手配を他の二人と行っていたが、間もなく新政府から出仕のために帰国するよう命が下る。新政府がウィーン万国博覧会に参加するに当たり海外生活経験があり事務能力に優れる孝三郎の力を必要としたからである。

帰国した孝三郎は、博覧会御用掛の任務が与えられ、一等事務官としてオーストリア出張の辞令をもらい、この年の十一月にあわただしく派遣団に先行してウィーンへと旅立った。本隊を迎えるまでの間は言語に絶する多忙をきわめたが、父譲りのせわしい性分できぱきと準備を整え終えた明治六年（一八七三）三月二十一日に孝三郎はアドリア海に面するトリエステの港に派遣団の本隊を迎えた。

万国博覧会の期間中、孝三郎はヨーロッパ諸国の技術の高さに圧倒されるが、何気なく足を運んだスウェーデン・ノルウェー漁業館で衝撃を受ける。自国の藁や麻製の弱い魚網ではない丈夫で軽い網、多彩な水産加工物、水産物の輸出量と輸出額の大きさ、養魚施設や科学技術を取り入れた漁業法などに驚くばかりで、彼自身ウィーンでの経験は鉄槌を下されるような驚きであったと述べている。この体験から自国の水産業を起こすことが重要と考え、知識を広げようとしたが、この万博の会期途中で健康を害したことから九月に帰国せざるを得なかった。

孝三郎の水産業に対する情熱を具体化する幸運が到来したのは三年後の明治九年（一八七六）。この年の五月から始まったアメリカ合衆国建国百年記念として開催されたフィラデルフィアの万国博覧会に参加したことであった。すでに孝三郎は、前年の二月に博覧会事務取扱、三月には内務省勧業寮六等出仕を拝命し、五月にはアメリカに渡り、フィラデルフィア万国博覧会の準備に奔走することになる。

この準備期間や万博開催期間に孝三郎は、アメリカやカナダで鮭鱒の人工孵化事業や缶詰製造法を習得、また漁具や漁法の詳細を調査して、この年の年末に帰国し、時の内務卿大久保利通に水産業の開発を建議して水産掛の設置を求めるなど、持ち前の気ぜわしさで仕事に精を出すが、気になることがあった。それは、かつて発機丸の運用方頭取であった時に彼のもとで士官として苦楽を共にし、岩倉遣外使節団に加わり、共に前田利嗣をサポートして渡英した沢田直温が投獄されていることを知ったことである。

◉漁業の近代化と捕鯨の先鞭をつける

帰国後、沢田は「朝野《ちょうや》新聞」へ入社し、異国体験を買われ外報掛と投書掛を担当したが、この頃、新政府の専制を批判し、民権主張の言論が活発化、これに対し、新政府は明治八年（一八七五）六月には、讒謗律・新聞紙条例を制定し、厳しく取り締まっていた。孝三郎が、フィラデルフィア万国博覧会の準備のため、アメリカに渡った頃の話である。

翌明治九年、沢田が担当していた「朝野新聞」一月十日付け、投書欄に掲載された愛媛県の中学校教頭の意見が、新聞紙条例違反とされ、掲載の責任を問われて沢田は禁獄一カ年、罰金二百円の刑に処せられ、明治十年二月の出獄を迎える一カ月ほど前の頃、孝三郎は獄中の沢田を訪ねた。発機丸で苦楽を共にした沢田を元気づけようとしたのであったと思われるが、新政府の役人として活躍する孝三郎と新政府を批判する立場に立つ沢田との間には、友情と懐かしい思いはあったにしろ、微妙な思いの交錯があったに違いない。

その後、明治二十五年（一八九二）に役人の世界から退くまでのおよそ十六年間余り、孝三郎は水産行政にとってなくてはならない人物として積極的に働き続けた。明治十年一月にこれまでの内務省勧業寮にかわって設置された勧農局の役人として人工孵化の実地指導や官営の缶詰工場を軌道に乗せることに努力しながら、八月に開校した官立農学校の校長も兼務することがその手始めであった。「農業の知識はあまり持っていない」と尻込みする孝三郎を、「曲者ぞろいの外国人教師を束ねるためには農学の知識より英語が達者な者でなければ務まらない」と言って要請する松方正義に応えたのである。

明治十四年（一八八一）に農商務省が設置されると、そこに席を置いた孝三郎は、雑多な事務を処理する傍ら、翌十五年には海防と漁業について政府の上層部に建議し、また、大日本水産会の創立にも尽力した。そのほか、従来の地曳網に変えて巾着網による沖漁業の奨励や、近代的な捕鯨業の導入の指導や捕鯨銃の改良などを試み、伊豆大島近海でツチ鯨捕獲を成功させ、この成果をもとに作られた日本水産会社の参与も勤めた。明治二十二年（一八八九）水産伝授所が開設されると所長に推された。

明治二十五年（一八九二）、解散寸前の危機に直面していた日本水産会社を立て直した孝三郎は、我が国の遠洋漁業の振興を図るために自らそれを実践し範を示そうと退官、住まいを房総《ぼうそう》の館山《たてやま》に求め、捕鯨とマグロ漁を中心に本格的な遠洋漁業に乗り出した。その鯨もいまだ我が国では捕獲した者がおらず、危険も多いとされていたマッコウ鯨に照準を合わせた。孝三郎が我が国初のマッコウ鯨捕獲者となったのは、退官二年後の明治二十七年。この金崋山沖での成功は、わが国の洋上捕鯨の先鞭をつけた快事であり、孝三郎は捕鯨家としての名声を高めたのである。

一方、マグロ漁を発展させるために孝三郎は、明治二十九年（一八九六）遠洋漁業用の豊津丸（洋式帆船）を八月に竣工させ手本を示したが、この年の暮から始めた伊豆大島沖での操業を終え、翌年の一月に帰港する途中で心臓発作に見舞われて倒れ、正月九日に帰らぬ人となった。享年満五十三歳。墓は東京豊多摩郡中野村（現中野区本町二丁目）の成願寺。館山市の北下台《ぼっけだい》公園に建つ大頌徳碑は、明治三十三年（一九〇〇）五月に有志によって建立されたものである。また、石川県立能登高校内の関沢の業績を讃える顕彰碑は、同校の前身である石川県立水産高校の創立三十周年記念事業として昭和四十五年（一九七〇）に建てられたものである。

5

沢田直温《なおはる》

発機丸の機関方士官として活躍

―「朝野新聞」で活躍した言論人―

◉向学心旺盛な御城付足軽

沢田直温《なおはる》は、貧しい足軽の長男として天保五年（一八三四）正月に生を受けた。幼名は市太郎、のちに覚之助と改名、春松とも名乗っている。幼少より学問を好み、小松修学所で学び始めた頃からその秀才ぶりは仲間内でも評判であったという。弘化四年（一八四七）、満十三歳で金沢に出て、藩校明倫堂読師木下青崖《せいがい》に学び、青崖の死後、嘉永五年（一八五二）から三年間京都に遊学、巌垣月洲《いわがきげっしゅう》（六蔵）、草盛義直に学んだあと、一度小松に帰ったものの安政三年（一八五六）再度上洛し、蘭方医桐山元中の門に入り医術を学んだ。翌年の安政四年に父円次郎の病死により父と同職の小松御城付足軽として召抱えられた。

嘉永六年のペリー来航後、近代的な西欧の諸技術を目の当たりにした日本は、その技術取得に対応せざるを得なくなるわけであるが、加賀藩においても安政元年（一八五四）洋式学校壮猶館が設立されるなど洋学が盛んになると、直温は洋学修行を目指し、文久二年（一八六二）江戸に出て、村田蔵六（大村益次郎）の蘭学塾鳩居堂に入門、そこでの学業のかたわら幕府の軍艦操練所（はじめは軍艦教授所、軍艦操練教授所とも言った。慶応二年七月に海軍所と改名）などで航海術や測量術も学んだという。

ただし、鳩居堂の「弟子籍」には彼の名はない。また、加賀藩が文久二年九月に江戸軍艦操練所に入り、測量・造船・蒸気機関・帆前調練などの軍艦に関する実施研究をする志願者を募り、関沢孝三郎の兄であった安太郎ら二十人ほどが入学したと言われているが、それらの中にも直温の名はない。入学はもっと後のことであろうか。それらの事情については、今のところ何とも言い難い。

彼が江戸に出て、村田蔵六の鳩居堂に入門した頃、将軍家茂の上洛に合わせて、諸大名に軍艦の提供が求められるかも知れないとのことで、加賀藩主斉泰は軍艦保有に関して審議するように命じ、この年の暮にイギリスから汽走帆船を買い入れた。発機丸と名づけられたこの鉄鋼製の船は、現在からみれば、さして大船とは言えないが、当時としては堂々たる黒船で、これが加賀藩が初めて保有した軍艦であった。

発機丸は、文久三年（一八六三）の年初めに佐野鼎らが横浜の港で引き取り、三月十七日に宮腰《みやのこし》（金石《かないわ》）沖に姿を見せた。この時には直温は江戸修学中で、発機丸を見学する群衆の中にはいなかった。しかし、発機丸の購入や宮腰廻航の話は、藩内の重大な出来事であったから、ほどなく直温も耳にしたはずであるが、自分がその軍艦の乗組員となるなどとは思ってもいなかった。

◉艦将岡田雄次郎に仕える

予想していた通りこの年十一月六日、幕府から将軍家茂が海路で上洛するので乗組員を含め加賀藩が所持する蒸気船一艘をしばらくの間借り上げたいので品川沖へ廻航するよう達しがあり、藩は乗組員の人選に入ったが、その時、直温は同艦の機関方（蒸気方）士官として採用され、機関方（蒸気方）頭取となった浅津富之助の配下として働くことになる。

彼の「先祖由緒並一類附帳」には、御軍艦乗り組みを申しつけられた年月を文久二年十一月としているが、この帳の表紙には、「本人が不在のために、代理人が指し出したので、年月などに誤りがある」との注記があるように、文久三年のことを一年前のことと誤ったものであろう。乗組員二六人が任命され、発機丸が所口（七尾）の港から冬の日本海に乗り出したのは文久三年十二月二日（太陽暦一八六四年一月十日）。冬の航海は強風と高波にいたぶられ、蒸気機関の故障などもあり苦難の連続であったが、箱館に立ち寄り石炭などを補給して太平洋を南下、十二月二十七日夕刻に指定された品川の停泊地に錨を下ろした。

彼らは、明治の世となるや、同じ釜の飯を食った仲間として互いに支えあいながら頭角を現し、この地域を代表するような人材として活躍し出すのであるが、特に艦将の岡田雄次郎と安井和介は、後に幕府が崩壊し明治新政府が成立すると藩と新政府とのパイプ役を勤め、徐々に頭角を現し、廃藩置県に至るまでの過程において実施された藩治職制の改革で藩の重鎮に昇りつめるのである。そして発機丸を縁に知り合った人脈が、その後、直温の活躍を助けることになる。

その後、発機丸は、上洛する幕府諸役人や荷物などを積み込んで、文久四年（二月二十改元、元治元年、一八六四）正月五日に品川を出航し、同年正月十三日に兵庫港に到着、四カ月余り兵庫沖などに逗留して、五月十六日に大坂天保山を発して同二十日に品川に帰還し供奉船としての役目を無事に終えた。

しかし、発機丸の品川への帰還の艦上には直温の姿はなかった。彼は兵庫港に到着後、それほど間をおかず発機丸から下艦し、浅津富之助と共に金沢に帰り、元治元年（一八六四）五月には、割場付足軽に昇進し、藩の御軍艦測量教授方に任命され、その後、江戸に出て伴鉄太郎や大鳥圭介に就いて英語や航海・測量術に磨きをかけ、満三十一歳で藩の軍艦所教授となり、結婚もして、慶応元年（一八六五）十月に藩が新しく買い入れた軍艦李百里丸の乗組員に任命されたのである。

しかし、御軍艦測量教授方については後年のことであるとの説や、『加賀藩艦船小史』には、直温の名が見えないことを問題とする識者もいる。また、割場付足軽への昇進や藩の御軍艦測量教授方への任命は、発機丸に搭乗したままの任命で、元治元年五月の品川への帰りの供奉を勤めあげた後に下艦し、江戸でそのまま伴鉄太郎らに師事し、翌年の十月に買い入れた李百里丸の搭乗員に任命されたとも考えられるし、下艦はそれよりもっと後であったかもしれない。

李百里丸は、西暦一八六二年というから文久二年にイギリスで建造され、原名をサーハラリパルクと名乗る汽走帆船で、長さは三四間（約六一メートル）幅五間（約九メートル）、三本マスト、一一〇馬力、五〇〇トンで発機丸より一回り大きい軍艦であった。しかし、最初に長崎でイギリス商人のグラバーから紹介され、関沢孝三郎らが検分した際の軍艦の大きさや馬力、建造年と李百里丸のそれらに違いがあることから、最初に紹介斡旋された軍艦と李百里丸が違った船であった可能性もある。

◉浅津との再会と長崎への廻航

藩が大金を払って新らしく買い入れた李百里丸ではあったが、保有してわずかしか経ない翌年の慶応二年（一八六六）の春に蒸気機関が故障し、出航できない状態になった。かつて発機丸に乗り組んでいた時に機関方（蒸気方）棟取であった浅津富之助のもとで働いた経験を持つ直温をはじめとする蒸気方が修復を試みるが埒が明かず、七尾港から出航できない始末。困り果てた藩は、当時江戸の下曽根塾や村田蔵六（大村益次郎）のもとで活躍していた浅津富之助を呼び寄せたのである。浅津の実力をよく知っている直温が彼を呼び寄せることを進言した可能性もある。

江戸から呼び寄せられた浅津が李百里丸に乗り込んできたことで、直温は浅津と久しぶりに再会することになる。浅津は、江戸を離れる際に村田蔵六から借りたイギリスで出版された舶用機関に関する書籍を参考に、故障の原因が真空計にあることを突き止め修復に成功し、その後、李百里丸の機関修理の責任者となり、再び直温は浅津の配下で仕事をすることになった。

しかし、その後も李百里丸の蒸気機関部は順調とは言えず、しばらくして国許では手に負えない修理が必要となり、軍艦奉行の金谷与十郎、艦将（船長）の陸原《くがはら》慎太郎（惟厚《ただあつ》）の指揮のもと直温は、李百里丸を長崎に廻航する任務についた。長崎には、かつて発機丸の運用方棟取を勤め、その後、李百里丸の購入に関する金谷の書状を京都に上洛中の藩主斉泰に届けた関沢孝三郎が修学していた。久方ぶりに発機丸の仲間であった関沢、浅津、直温が顔を合わせたのである。

長崎に滞在中、軍艦奉行の金谷は、藩に許可を得ることなく藩士の海外留学を実行することを軍艦頭取で艦将の陸原に伝え、陸原も同意した。彼らは、薩摩藩の五代友厚を訪ね、加賀藩の長崎留学生三名を、薩摩藩の留学生とともに留学させる事を要請し、五代も加賀藩士三人の乗船を快諾したのである。

しかし、慶応二年八月二十五日に薩摩藩の留学生とともにイギリスを目指して船出したのは関沢孝三郎と岡田秀之助の二人で、彼らはロンドンで修学に励んだ。これが加賀藩における海外留学の嚆矢《こうし》である。

修理を終えて八月に七尾に帰った李百里丸は、翌年の慶応三年（一八六七）に伏木港から七尾港に帰る際に港口の暗礁に触れて艦底を破損し、再度長崎製鉄所に修理のために廻航された。この時に李百里丸で長崎に来た直温の師匠ともいうべき浅津が前年に出国した二人を追うように、同年九月にイギリスに向かって船出した。

さて、これまで紹介してきた李百里丸にまつわるドラマは、ほぼ間違いのない事実であろうと考えるが、この艦に直温が乗り組み、浅津と再会したという件などは、大正十二年（一九二三）に刊行された『石川県能美郡誌』に、直温が「慶応二年に軍艦李百里号に乗りて長崎に抵《いた》り、七尾に還り」とあることを根拠に、私の想像も相当に入った記述であることを断らねばならない。先述の代理人が指し出したという直温の「先祖由緒並一類附帳」や『加賀藩艦船小史』には、李白里丸に直温が乗り組んだ記述は見当たらないし、『石川県能美郡誌』も記述の根拠とした出典を記していない。いつの日か、根拠を示す史料に出会えることを期待している。

ついでながら李百里丸のその後に触れておきたい。慶応四年（九月八日改元、明治元年、一八六八）、戊辰戦争で新政府の物資や兵員の輸送に調達されたが、主な航路は七尾から伏木港に寄港し、越後沿岸に軍需品を運ぶというものであった。しかし、この年の八月、越後の松ヶ崎沖で大暴風雨に遭い座礁、乗組員の必死の作業で一時は、暗礁から逃れたが、その後、両方の錨の綱が切れて漂流し、沈没してしまった。そのため、同年の九月二日に新政府より李百里丸を山陰の境港に廻航し、四〇〇人の兵を越後筋に送るよう要請されたが、それに応えることは出来なかった。乗員は陸路金沢に帰ったと言うが、その中には直温の姿がなかった。直温は、後述するように李百里丸の沈没前に発機丸の艦将であった安井和介に見込まれ以前同様に仕え、下艦してしまっていたからである。

◉新政府官僚として民政に従事

幕府の倒壊という事態がなければ航海術と測量術に長けた直温の才能は、強化しつつあった加賀藩の海軍整備に生かされ、その分野に生きる人物として栄達も約束されたかもしれなかったが、幕府に代わる新しい明治政権の登場で、彼の人生にも大きな変化が訪れる。

幕府側と朝廷側が争ったこの時期に、加賀藩は態度を明確に出来ず、戊辰戦争開戦当初において幕府援軍を発するが、中央政局を見極めることが出来た京都詰の前田内蔵太《くらた》らの情報で、その後、尊王に藩論を統一、危うく朝敵藩の汚名を免れる。

中央政府すなわち朝廷軍に恭順を示した後の加賀藩は、新政府の命で、奥羽越列藩同盟を結んで新政府に対峙した勢力掃討のため、新政府軍の一員として北越戦争を戦うことになる。直温は出兵などの準備のために越後に出張し、七月には、かつて発機丸の艦将であった安井和介に同道して京都に赴き、その後、健康を害した安井に代わって越後柏崎に向かうなど多忙な日々を送った。

発機丸でのかつての上司であった安井は艦上での直温の働きぶりを思い出して配下に据えたと思われる。安井はすでに、明治新政府によって明治元年（一八六八）四月二十三日に徴士に任命され、新政府の軍防局会計取締役に就き、直後に会津討伐中軍防掛の任を兼ね、七月には越後府判事として活躍していた。

直温は、このような功が認められ、明治元年八月十九日、新政府より徴士に登用されて越後府権判事となり、翌日には越後府判司事に任命され、藩からも寄合馬廻りに登用されて五十俵の加増を受けた。安井や直温が命じられた徴士というのは、新政府によって明治元年（一八六八）正月十七日、三職七科の制を定めて以後、新政府の官吏として登用された人たちで、諸藩の藩士や市井の者で有才の者が選抜されたのである。加賀藩で最初に徴士に登用されたのは五月登用の安井であり、次いで六月に登用されたのが刑法官権判事に任命された岡田雄次郎であった。

その後、直温は、東北各地で民政に従事し、自らの俸禄を投じて窮民の救済に当たるなどしたが、明治二年二月、徴士を辞し、洋学修行を積むことを志して六月に金沢に帰るが八月に再び上京して兵部省兵学校へ出仕した。しかし、翌明治三年十一月に病気を理由に職を辞している。同年の「慶応義塾入社帳」には、「沢田春松、生国加賀、住所金沢、主人金沢藩知事、三十六歳、入塾閏十月二日」との記述が見えるから、兵部省兵学校を辞職する前に慶応義塾へ入学したことが知れる。おそらく、辞職の理由の病気は口実で慶応義塾への入学が兵部省兵学校辞職の理由であったと思われる。

その後、明治四年七月慶応義塾を退学して東京府の役人となり、府学主帳なる役職に就いたので慶応義塾の卒業生名簿には直温の名はない。そのような矢先に岩倉遣外使節団に留学生として加わり西欧の息吹に触れる機会を得ることになる。

◉利嗣《としつぐ》に随行しイギリスで異国体験

廃藩置県後の明治四年（一八七一）十一月十二日（太陽暦十二月二十三日）、特命全権大使岩倉具視、副使木戸孝允・伊藤博文・大久保利通・山口尚芳ら総勢一〇六人からなる岩倉遣外使節団が横浜港を出航した。のちに女子英学塾（現津田塾大学）の創設者となる当時八歳（数え年）の津田梅子ら五人の少女を含む六十人の海外留学生が含まれていたが、この中に、幕府が倒壊することがなければ、第十五代加賀藩主となるはずであった前田利嗣《としつぐ》に随行する直温の姿があった。

利嗣に随行した者は直温を含め三人、他は利嗣の小姓役堀嘉久馬、もう一人は発機丸での上司であった関沢孝三郎である。関沢は、この時すでに加賀藩最初の海外留学生として幕末期にロンドン留学をした経験があり、後に日本水産界の父とまで讃えられることになる。彼らとは別に、旧富山藩主前田利同《としあつ》の留学に随行する李百里丸の艦将であった陸原《くがはら》慎太郎の姿もみられた。利同はもとをただせば加賀藩十三代藩主斉泰の十一男。幕末に支藩である富山藩主の封を継いだが、廃藩置県で藩が消滅したこともあり、宗藩の藩士が随行したのであろう。

前田利嗣の申請書によれば、「私并随従及旧臣勤学人共都合四人御同行仕度」とあるが、これは、「留学生としての私（利嗣）と私の随行員、それに旧金沢藩の勤学生（留学生）の合計四名」の意味か、それとも、「私（利嗣）と私の随行員兼勤学生（留学生）の合計四名」と言う意味か明確ではなく、この記録からは直温の資格は断定できない。おそらく随行員兼留学生という資格であったのではなかろうか。

この視察団は、当初は条約改正の打診を目的としたのであるが、最初に訪れたアメリカでそれがたやすいものでないことを知らされると、条約改正打診は打ち切りとなり、以後は親善と視察を主目的として、ヨーロッパ諸国を訪問することになった。直温らの前田利嗣主従は、サンフランシスコ上陸後は本隊と離れ、アメリカ大陸を横断して、一足先に明治五年（一八七二）一月十一日にロンドンに到着、当時満十三歳であった利嗣は、イギリス上流階級の家庭に同居し、同年齢の子供たちとともにイギリス人の塾で学び始め、ついでキルホーン・カレジェートスクールに入学した。

直温も当然のことながら堀とともに、その地に腰をすえることとなるが、彼らは利嗣の身の回りの世話に明け暮れる毎日であった。直温が教育機関に入学し、修学した形跡は無く、彼らのロンドンでの修学状況については詳らかではないが、何らかの方法で語学の実力を高めていたことは想像に難くなく、この異国体験と語学力が帰国後の彼の人生に大きな影響を与えたことは論を待たない。

さて、彼らはロンドンのいずれの場所に住んだのであろうか。この場所については、先学故今井一良氏がキルバーン・グレヴィルロードのクリーヴランドハウスであろうとされている。利嗣主従がロンドンを去った後の明治七年三月、彼らが世話になったジョン・カッタンスという人物から利嗣に宛てた手紙の差出し先がこの住所であり、また、別の史料で彼らのロンドンでの到着先がカタンとされていることによる。

昭和五十九年（一九八四）の夏に訪ねられた今井一良氏によれば、キルバーンは、ロンドンの中心から北西に位置し、グレヴィルロードは静かな住宅街であったという。しかし、住民の話ではそのあたりは変化がはなはだしく、古い家屋はほとんど建て替えられており、クリーヴランドハウスも存在していなかったという。

このようなロンドンの郊外での修学は、予定より早く切り上げなければならない事態が生じた。闘病中の利嗣の実父で十四代旧加賀藩主慶寧《よしやす》の容態が悪化したため帰国するよう求められたからである。直温ら三名は、約二カ年足らずの英国での生活を切り上げ、インド洋経由で、明治六年（一八七三）十二月に帰国した。翌年、慶寧は熱海で病没している。

なお彼らとともにロンドンに来た関沢は、間もなく新政府から出仕のために帰国するよう命が下り、早々に帰国した。新政府がウィーン万国博覧会に参加するに当たり海外生活経験があり事務能力に優れる彼を必要としたからである。関沢は、博覧会御用掛の任務が与えられ、その準備のために一等事務官として明治五年十一月にあわただしくウィーンへと旅立っていた。

◉言論人としての活躍と獄中生活

帰国の翌年、直温が得た仕事は、当時の有力紙「朝野《ちょうや》新聞」への入社であった。担当分野は外報掛と投書掛。異国体験のある彼には適任であり、やりがいもあったと思われる。さて、直温が入社した頃の朝野新聞は、官令や公布類を載せることから始まった前身の「公文通誌」が紙面・内容を充実させつつあった時期である。入社後間もなくの明治七年（一八七四）九月、成島柳北《なるしまりゅうほく》を迎え「朝野新聞」となり、論説欄を設け、本格的な政論新聞の体裁を整えた。

時あたかもこの年は、新政府の専制の弊害を批判し、板垣退助らが「民撰議院設立の建白書」を提出、国会開設を叫び、民権主張の言論が活発化し、この事態を重く見た新政府は、翌明治八年六月には、讒謗律《ざんぼうりつ》・新聞紙条例を制定し、これを厳しく取り締まっていた。翌明治九年、直温が担当していた「朝野新聞」一月十日付け、投書欄に掲載された愛媛県の中学校教頭の意見が、新聞紙条例違反とされ、直温は禁獄一カ年、罰金二百円の刑に処せられることになる。出獄は、翌明治十年二月。獄中で製作した七言絶句の漢詩の一つは、以下のようなものであった。

時當炎熱心身倦（時として厳しい夏の暑さで、心身ともに疲れくたびれ）
欲写愁腸無筆硯（憂い・嘆く悲しみを書留めようにも筆・硯とて無く）
思舊恍然仮寝中（昔を思いうっとりとしてまどろんでいると）
夢迷竜動水晶殿（ロンドンの水晶殿が夢の中に現れてくることよ）

稚拙な訳文を添えたが、竜動はロンドンの当て字であり、水晶殿は、ロンドン万博の会場であったハイド・パークに作られた総ガラス張りの建造物である。総ガラス張りの建造物は直温に強い驚きと印象を与えたと見える。

出獄を間近に控えた明治十年のはじめに獄中の直温を訪ねた者がいた。かつて発機丸で共に苦楽を共にした運用方頭取の関沢孝三郎である。直温の問いかけに、関沢が勧農局で働き、漁業を振興する仕事を行うことを聞いた直温は、それはやめるべきと言い、なぜか?と問い返す関沢に、大久保利通を中心とする現在の政権は、言論統制を厳しくする一方で、卑劣な徴発で反対勢力の抹殺をはかっていると述べ、そのような政府の役人に身を置く関沢を批判した。しばらくの間の議論の末、直温は、これ以上の議論は無駄であると思い、あからさまに面会を切り上げたい気持ちを露骨に関沢に向け面会は終った。この獄中の直温が関沢の訪問を受け、意見を交わした話は、和田頴太氏の『鮭と鯨と日本人―関沢明清の生涯―』などに見えるが、和田氏が依拠した史料をいまだ私は知りえない。

出獄後の直温は、論説や雑録に筆を取り、印刷長としても活躍するが、この間、「朝野新聞」は、民権派新聞として論陣を張り、日刊紙として初の発禁処分を受けるなど、果敢に政府批判を展開している。このようなことから、直温は本県出身の最初の言論人とも言える人物であった。「朝野新聞」は、明治十七年（一八八四）十一月の成島柳北の死により、以後凋落の道をたどるが、時を同じくして直温も新聞社を離れ、同年十二月二十七日付けで太政官に出仕し、御用掛文書局や内閣官報局などに身を置き官吏の道を歩み、明治二十一年（一八八八）退官した。

新聞社を離れ、あれほど嫌っていた役人の世界に入った直温は、監獄に面会に来てくれた関沢に新政府の役人として大久保に仕えていることを是としない発言をして袂を分かつような態度を取ったことを気にしていた。二人が久しぶりで顔を合わせたのは、直温が役人を退官後、前田家編纂方で文献調査に尽力していた明治二十六年（一八九三）九月。そこには今は南郷茂光と名乗っているかつての浅津富之助の姿もあった。三人にとって忘れることのできない発機丸で仕えた同艦の艦将であった安井和介の葬儀の場であった。

関沢を見つけた直温は、「孝さんには、あの時きついことを言いすぎてしまった」と率直に謝り、あの時に関沢が仕えていた大久保利通を罵倒したことに対しても「今にして思えば大久保利通という人物は、あれで偉いところがあった」と述懐し、「上手くは言えんが、あの人は私利をかえりみず、国のために敢然と身を投げ出して働いておられた」とも述べたという。これもまた、和田頴太氏の玉著に見える逸話である。この葬儀のおよそ二年半後の明治二十九年二月、急な病に見舞われ倒れた直温は、安井の後を追うように、ほぼ同じ六十三年の波乱に富む一生を終えた。東京下谷の谷中墓地に葬られている。

6

発機丸の船医として乗りこむ
田中信吾
―北陸で最初に私立病院を開設―

◉雄弁で強情なシツコイ若者

緒方洪庵が創《はじ》めた適塾（蘭学塾）には、全国からその名声に引かれて俊傑が集まった。この適塾には、現在の石川県内から、塾頭となった渡辺卯三郎（大聖寺越前町生まれ・現加賀市）をはじめとし、三三人が入塾している。安政三年（一八五六）に満十八歳で入塾し、洪庵が江戸に赴いた文久二年（一八六二）に塾を離れ、古里に帰った田中信吾（発次郎、適塾の「姓名録」に田中発太郎、後に一奄、次いで信吾と改名）もその一人である。

信吾が入塾した頃の適塾は、天保十四年（一八四三）に手狭になった大坂の瓦町《かわらまち》から過書町《かしょまち》（現中央区北浜三丁目）にすでに転居していた。信吾が学んでいた頃の過書町の塾に、現在、製薬会社や薬品会社のオフィスビルが軒を連ねる道修町《どしょうまち》の薬種商にクマが持ち込まれたので、後学のために解剖を拝見したいから、誰か来て解剖をしてくれぬかと、さる医者を介して依頼があった。「それは面白い」と適塾の塾生七、八人が解剖するという場所に出向き、これが心臓、これが肺、これが肝と説明したところで、薬種商も医者もいつの間にか帰ってしまった。

この身勝手な薬種商や医者の仕業は、適塾の塾生に解剖してもらえば無傷で熊胆《ゆうたん》が取り出せることを知っての魂胆であり、解剖に託して熊胆が出るや否や帰ってしまったのだと考えた塾生たちは、納得がいかないと、紹介した医師に抗議することを塾生全員で衆議一決した。

この話の出所は福沢諭吉が著わした『福翁自伝』である。彼が塾生として適塾に籍を置いたのは、安政二年（一八五五）から同五年までであったから、この熊胆持ち去り事件は、二人が同時に適塾で学んでいた安政三年から同五年の頃であったことになる。

その後、信吾は、理屈を並べて件《くだん》の医者に謝罪させ、酒五升に鶏、魚などをせしめて、塾内で大いに飲んだというのが話の落ちであるが、この時の衆議一決後の様子を、福沢は信吾の人柄も交えて記しており、それによって、血の気の多かった若い頃の信吾の人となりが少なからず浮かび上がる。まずは、その部分を『福翁自伝』から紹介しよう。

「すぐにそれぞれ掛りの手分けをした。塾中に雄弁滔々《とうとう》とよくしゃべって誠に強情なシツコイ男がある。田中発太郎（今は信吾と改名して加賀金沢にいる）という、これが応接掛り、それから私が掛合《かけあい》手紙の原案者で、信州飯山から来ている書生で菱湖《りょうこ》風の書をよく書く沼田芸平《うんぺい》という男が原案の清書をする。それから先方へ使者に行くのは誰、脅迫するのは誰と、どうにもこうにも手に余る奴ばかりで、ややもすれば手短に打ちこわしに行くというような風を見せる奴もある。またあちらから来ればこねくる奴が控えている。何でも六、七人手勢を揃えてねじ込んで、理屈を述べることは筆にも口にも隙はない。応接係りは、ふだんの真《まっ》裸体《ぱだかてい》に似ず、袴羽織にチャント脇差をさして緩急豪柔、ツマリ学医の面目云々を楯にして強情な理屈をいうから、サア先方の医者も困ってしまい、そこで平あやまりだという」

『福翁自伝』も「姓名録」も発次郎ではなく発太郎と誤ったのはどうしてだろうか。単純なミスとも思えない、何か事情があったのであろうか。それはさておき、福沢のこの文章から、信吾のリーダーシップとディベートに長《た》けた人物像が垣間見える。

◉最初の職は軍艦発機丸の船医

信吾は、天保八年（一八三七）十一月、儒学者の湯浅家の次男として小松で生まれた。信吾の実父湯浅木堂（寛）は、寛政六年（一七九四）に創建された現在の芦城《ろじょう》小学校の母体であるという集義堂（小松学問所、小松修学所）で、文政九年（一八二六）から天保十三年（一八四二）まで教鞭を取り、その教授ぶりが評判となり、藩から金沢出府が命じられ、藩校明倫堂で論語講釈を行うなど碩学《せきがく》の名をほしいままにしていた人物であった。彼が田中姓を名乗るのは、幼くして儒学者田中謙齊《けんさい》の後嗣となったからである。

　このような環境で育った信吾は、兄丈太郎とともに幼いころから学問を志すが、丈太郎が父の後を継ぎ集義堂で活躍したのに対して、信吾は、新しい蘭学に目を向け、当時「日本第一」と評判であった適塾へと目を向けたのである。

　さて、七年間の修学を終えて信吾は文久二年（一八六二）に郷里に帰ったが、その年に加賀藩は、海防の重要性に鑑み、七尾湾に面する万行《まんぎょう》、矢田の二村にまたがる二万坪（約六万六千平方メートル）の敷地に七尾軍艦所を設けた。その矢先の同年六月、時の将軍徳川家茂《いえもち》の上洛に合わせて、諸大名にも軍艦の提供が要請されるとの情報から、加賀藩ではこれに対応する必要があったため、九月には江戸の軍艦操練所に藩士を派遣してその技術を習得させる一方、この年の暮にイギリスから、鉄鋼船である汽走帆船を買い入れ、発機丸と名づけた。この船は、加賀藩が所有した最初の軍艦であった。

　発機丸は、佐野鼎、関沢孝三郎、浅津富之助などが中心となって国許に廻航された。発機丸が宮腰《みやのこし》（金石）沖に姿を見せたのは、翌文久三年（一八六三）三月。同年十一月には予想通り将軍上洛の供奉船《ぐぶせん》として幕府に借り上げられた。このような藩の事情から、信吾は、文久三年に藩の求めに応じて居を金沢に移し、軍艦発機丸の船医の職に就いた。

　岡田雄次郎（政忠）と安井和介（顕比）が艦将（船長）に任命された発機丸は、供奉船の役割を果たすべく七尾の港から日本海に乗り出し、箱館経由で品川を目指して出航したのは、文久三年十二月二日（太陽暦一八六四年一月十日）現在の時計で午後四時頃であった。猛烈な西風と高波に襲われ、帆は裂け、蒸気機関も損傷する苦しい航海ではあったが、十二月二十七日（太陽暦二月四日）品川に発機丸は着した。

発機丸の品川から大坂への出発は、文久四年（一八六四）正月五日の朝、前日に幕府の官吏たちが続々と乗り込み、将軍家茂が朝廷に献ずる御太刀箱などの荷物が積みこまれた。すでに前年の十二月二十八日、将軍家茂が乗船する御座船《ござふね》「翔鶴丸」や随行する「順動丸」など幕府の軍艦やそれを供奉する諸藩の軍艦は大坂を目指して船出しており、それらを追いかける形での出帆であった。

この時の航海も、御前崎から遠州灘に向かおうとした矢先、強力な西風に行く手を阻まれ、下田に引き返し錨を下ろすなど、度々風向きが悪い天候の場合には航海を中断せざるをえないこともあったが、十三日の夕方に兵庫港（神戸市兵庫区）に到着し、翌日彼らの荷物とともに幕府の諸役人を下船させ、信吾をはじめとする乗組員は一先ず肩の重い荷を下ろした。

その後、発機丸は兵庫港や大坂天保山港に四カ月あまり留まった後、五月十六日に大坂天保山を発して同二十日に品川に帰還し、供奉船としての役目を終えたのであったが、その後も幕府の要請で品川から京都への武器の運搬を担い、また禁門の変で敗北した長州を征伐するための藩兵の輸送などに当たったが、慶応元年（一八六五）に大きな故障を生じ、修理のために長崎に曳航され、その後、上海に修理に出されたのである。

さて、このように活躍した発機丸の艦内で、信吾がどのような体験をしていたかは、興味のあるところであるが、その記録は目にしない。ただ、発機丸の乗組員を選抜する際には、おそらく体が頑強で、長い航海にも耐えられる比較的若者というのが条件であったろうから、信吾が窮地に陥るような重病人が出なかったであろう。また、信吾が下艦した時期も明確ではない。『金澤四名医伝』には、「慶応元年八月、金沢藩医学教師ヲ拝シ、又壮猶館ニ於テ蘭書翻訳校正ニ掌ル」とあるから、信吾は発機丸が、慶応元年（一八六五）に大きな故障を生じ長崎に曳航された頃まではその職にあったのではなかろうか。

◉卯辰山開拓と養生所の設置

信吾が発機丸の船医となった頃には、加賀藩内では、オランダ医学が黒川良安《まさやす》を中心に確固たる基盤を築いていた。すでに嘉永三年（一八五〇）二月に黒川は金沢で種痘を実施し、藩に種痘を行う除痘館の開設を求めたが許可されなかったために、安政二年（一八五五）に金沢堤町に私立の種痘所を設け、医療を展開した。

このような蘭医の努力と実績の積み重ねによって、信吾が適塾を離れ、帰郷した前年、すなわち文久元年（一八六一）には藩も種痘を公式に許可し、翌年の三月に城下の彦三町にあった反求舎という建物を付与して種痘所としたのである。その後、文久四年（一八六四、元治元年）種痘所は南町の心学所に移転し、黒川を頭取として藩種痘所となった。信吾が発機丸の船医となり、上洛する将軍を供奉する任務に就いていた頃の話である。

また一方、安政元年（一八五四）に藩が創設した洋学校壮猶館《そうゆうかん》で文久二年に蘭医学の会読が始められ、かつ、医学開業試験が明倫堂（藩立の文学校）から壮猶館に移され、そこで蘭書を調査することが盛んになっていた。先述したように発機丸を下艦した信吾が、この壮猶館での翻訳方校正の仕事を兼務し、医学教育の教師を拝命したのは、慶応元年（一八六五）のことであった。

翌慶応二年、加賀藩では前田慶寧が第十四代加賀藩主となった。この殿様が同三年から着手した卯辰山開拓事業は、この地域の医学を飛躍的に発展させることになる。それはこの山の開拓のメイン事業が、この山に医学研究と病人の治療に当たる病院の始まりともいうべき養生所を建設するとともに、「病院・貧院は撫育の筋一体」との考えから、それまで笠舞にあった貧民救済施設をこの山に移設して撫育所とするというものであったからである。

慶寧の手記には、「凶作の年の備えが必要であるように、民の病気には病院がなくてはならない。山を開き、病院を設け、医員を置き、自前で治しかねる者はここで治療し、非命の死から逃れさせたい」とあり、養生所が完成すると、町人・百姓に至るまで入院治療するよう布告している。

なお、この事業は、そのほか、この山に紙、硯、織物、陶器、漆器、綿糸など多種多様な生産局を設置し、山麓には揚弓所、芝居小屋、茶店、料理屋などの娯楽施設を設け、庶民のための教育機関として修学所も設けるという壮大な土地開発事業であった。このような発想は、藩主慶寧が福沢諭吉の『西洋事情』に触発されたことによるとされてきたが、万延元年の遣米使節に加わった佐野鼎が第十三代藩主斉泰に献上した『奉仕米行航海日記』の記述に感化されたからでもあった。

当時の史料には、「今度、下々の貧窮の病者などを救うため、卯辰山において病院を設立することを仰せになられた。御助け小屋の改善の上に、さらに病院を創ろうとなさる御考えは大きな御仁恵でありがたいことだ」と見え、また様子を記録した『卯辰山開拓録』には、この事業に感動した城下の町人たちが、ボランティアで人夫として参加し、町内単位で目印の旗や纏《まとい》を立て、老若男女が衣裳を飾って開拓を助けたと記されている。養生所はこの年の十月に完成し、八棟からなる撫育所はやや遅れて明治元年（一八六八）に完成した。

養生所の設立は、信吾ら種痘所などに係わっていた医師たちの大きな喜びであった。彼らは、欣喜《きんき》雀躍《じゃくやく》に耐えぬとして、これまで施設充実のために蓄えてきた金三五貫目を寄付している。また、これを機に、壮猶館の医育機関にすぎなかった医学局は、教師や学生が養生所に転入し独立したので、信吾も養生所の職員となった。養生所には、治療室、手術室、精神病者室、医員室、宿直室、看護夫室、事務室、浴室、炊事場などが設けられ、教室、寄宿舎、教員住宅などの医学局を付属させるとともに、製薬のための舎密《せいみ》局を置き、薬圃《やくほ》、雷鴻《らいこう》局、醋酸《さくさん》局、普請《ふしん》局を配するなど、当時としては充実した施設であった。

◉お雇い外国人リトルウッドを看取る

慶応四年（一八六八）幕府は崩壊し、この年の半ばに改元されて世は明治の時代となるが、廃藩置県に至る同四年半ばまでは、加賀藩は、近代化を目指して蘭医学の充実を図る方針を採り、黒川良安を長崎に派遣するなど周到な準備をして、当時大手町にあった津田玄蕃の旧邸宅（現兼六園内の同園管理事務所）を校舎とする医学校、すなわち金沢医学館を開設し、養生所は、卯辰山貧病院となった。これを機に養生所の教師や生徒は医学館に転じたので、信吾も当然ながら、この時、卯辰山養生所頭取から金沢医学館教師となった。明治三年（一八七〇）二月のことである。

この時、信吾と同じく金沢医学館教師を拝命し同僚となった男がいた。彼より七歳ばかり年少の伍堂卓爾《ごどうたくじ》（春格）である。この男は、オランダ語と蘭医学に確かな知識を持ち、藩から二度目の長崎遊学が認められ、長崎裁判所の当直医となっていた前年、すなわち明治二年（一八六九）に藩命でヨーロッパに派遣された際に、オランダの陸軍一等軍医ピーター・アドリアーン・スロイスを医学館教師として雇用することの調印を終え、独断で英語学・理化学・鉱物学・機械学の四名の御雇外国人を招聘することの人選と契約をイギリスで神戸清右衛門に託し、年末に帰国したばかりであった。

明治二年初頭の金沢医学館開設に関する「触留」では、スロイスの到着は、同年十月とあるものの、大幅に遅れて彼が横浜に到着したのは、翌明治四年一月であった。出迎えの主任を命ぜられたロンドン留学の経験がある浅津富之助（南郷茂光）や彼に従った伍堂らは、横浜でスロイス夫妻と合流、その足で、海路で神戸に向かい、ドイツ（プロシア）人の鉱物学教師デッケン夫妻とイギリス人の語学教師リトルウッドを迎え、三月下旬金沢にむけて大坂を出発、金沢には、同年四月二日に到着し、大手町の外国教師館にあてがわれた寺西邸入った。

この三人の御雇外国人のほかに、神戸は、理化学教師としてヘルマン・リッテル、器械学教師としてウィルヘルム・ハイゼという二人のドイツ（プロシア）人と契約、彼らも同時期に来日していたが、リッテルは、大坂理科学校に、ハイゼは、兵庫製鉄所に配置となった。明治二年になされた藩籍奉還で藩には財政的な余力がなかったため、伍堂らの奔走で、就業先を開拓したのである。

信吾をはじめとする医学館の教師や学生は、スロイスの無事な到着を大いに喜んだものの、同時に一行の中に語学教師リトルウッドの姿がないことを憂えた。と言うのは、リトルウッドは、天然痘に感染、大聖寺まで来たものの激しい発熱と全身の発疹がひどく動けなくなり、その地に留めざるを得ない状況に陥っていたからである。翌三日、信吾は彼を救うべくスロイス、伍堂らとともに大聖寺に向かい、治療を尽くしたが危篤状態となり、その夜に逝去、遺骸を埋葬して金沢に帰った。

◉医学所長として天皇の来臨に当たる

明治四年（一八七一）七月、廃藩置県が断行され、藩は消滅、そのためスロイスの給料も含め、年間五五〇〇石で賄われていた金沢医学館の財源は閉ざされ、同年八月には、明治政府は、文部省布達第十三号で、これまで存在した藩立学校の廃止を命じたため、金沢医学館は翌明治五年四月に廃止のやむなきに至った。

信吾ら金沢医学館の九人の医師たちは、この地域における医学の伝統を守るため、私費を投じても金沢医学館と病院の運営を継承しなければならないと考えた。彼らは、私財を投じて建物、諸器械を借用し、スロイスの雇用も継続して私立病院を開らき、この地域の医学を維持することを図り、県にその旨を申請した。金沢大学医学部記念館には、スロイスの給料を支えた信吾に、石川県が、後年の明治九年に与えた感謝状が保存されている。

また、明治六年三月には、金沢町戸長吉田温一《はるかず》が、同様の請願書を県に提出するなどの尽力もあり、信吾らの熱意は評価され、月三〇〇円の県費と月二〇〇円の町費の補助を受けることが認められ、医学館は、同年六月には、半官半民の形で運営される私立金沢病院として受け継がれたのである。

もうひとつ信吾が、この地域の医学の発展のためには、欠くことが出来ないと考えたことは、新しい西洋医学の息吹を吹き込んでくれたスロイスの雇用の延長であった。信吾を中心に医師たちは、明治六年（一八七三）九月、医学の修得には最低五年間が必要であることなどを理由に付して、あと二年間スロイスの雇用を延期してほしいと文部省に請願書を提出、その後も、請願を続けた。

しかし、雇用延長は文部省が許可せず、スロイスは、期限切れ後もしばらく金沢に留まったが、明治七年十月、金沢を去った。スロイスが去るに当たり、県は、彼の功績をたたえて、加賀の名刀一振りを贈っているが、おそらく信吾ら薫陶を受けた医師たちが県に対して根回しをしたものであろうと思われる。

スロイスの雇用や彼をはじめとする御雇外国人の配属などに奔走した伍堂のその後について語っておきたい。彼は明治七年（一八七四）九月、スロイスの任期満了とほぼ同じ時期に、スロイスの任期満了でオランダ語の通訳が英語の通訳ほど需要が無くなったことなどから、石川県の理化学教授を退職し軍籍に入った。征台の役が起こり、陸軍省所属の軍医で活躍するようになると、その後は、ほとんど金沢に居を構えることは出来なかった。東京本病院を本務としながら、長崎・博多・熊本で征台の役の傷病兵の治療に奔走する。征台の役が一段落すると各地の兵営に在勤、西南戦争が起こると再び大阪での治療に当たるという有様であった。

金沢に最後に居を構えたのは、明治十四年（一八八一）四月から同十八年五月までの四年間、陸軍医本部医官として金沢兵営連隊付となった時である。この間の明治十八年二月、同じオランダ医として黎明期にこの地域の医療を共に担った田中信吾が、金沢甲種医学校が従来のオランダ医学からドイツ医学に重きを置くようになる動きの中で、一連の人事が金沢甲種医学校内で軋轢を生み、金沢甲種医学校を退職し、北陸では最初の私立病院とされる尾山病院を設立することとした時に、同病院の客員として他のオランダ医とともに名を連ねた。

その後、伍堂は、明治二十三年（一八九〇）六月、近衛歩兵第四連付になったことを契機に、翌年本籍を東京に移したものの、この金沢勤めをしていた頃に、金沢で小学生時代を過ごした息子の卓雄氏などの回想によれば、軍を退職した後は金沢に帰り、明治三十一年（一八九八）四月に病気のために引退した田中信吾に代わり、その後およそ三年間尾山病院長を務め、同三十四年三月に辞任、息子卓雄の東京帝国大学卒業を機に金沢を去っている。得意の謡曲を楽しみながら神田仲猿学町で悠々の老いを楽しんだという。大正七年（一九一八）八月五日、波乱に富む満七十四歳の生涯を閉じた。

さて、スロイスが金沢を去り、伍堂が軍籍に入ったこの年、能美郡で天然痘が流行し、多くの死亡者出たことから、翌明治八年には、金沢病院主務医であった信吾は、同僚の太田美濃里、津田淳三とともに種痘医検主附に任命され、大きな成果を挙げた。その後、次々と病院の体制強化が図られ、同年八月、スロイスの後任としてホルトマンが着任、金沢病院は、県に移管されて、石川県金沢病院と改称され、太田美濃里、津田淳三と共に信吾も主務医に任命された。

明治九年（一八七六）八月、この病院は、医療分野と教育分野を分離することになり、教育分野の機能は金沢医学所となり独立するが、信吾は金沢医学所の所長に任命された。二カ月後の十月、信吾は、新しく設立された富山病院長と病院付属の富山医学所長も兼務することになる。これはこの年に、従来の加賀、能登に加えて越前嶺北七郡と越中を圏域とする大石川県が誕生したことによる措置であった。

明治十一年（一八七八）秋に行われた明治天皇北陸御巡幸に際し信吾が兼務していた金沢、富山の両医学所に天皇が臨御されることになり、どのようにお迎えするか信吾は腐心することになる。最初は、陛下に対して外科機器を供覧しようと県庁に伺いを届けたのであるが、紀尾井町事件で旧藩士たちが大久保利通を暗殺した直後であるから刃物を並べるのは差し控えるようにとの達しで取りやめとなり、代わりに黒川良安が長崎から持ち帰ったキンストレーキを供覧した。また、この医学所では、日ごろ金沢弁が使われていたため、標準語に直す必要があるということで、「ヤ」を「ハイ」に、「ゴザリミス」を「ゴザイマス」と言い換える練習をしたというエピソード残されている。

◉蘭医の仲間と私立尾山病院を創設

その後、明治十二年（一八七九）六月、石川県金沢病院が金沢殿町に新築され、従来の病棟が医学校に充てられることになった。同じ時期にスロイスの後任として明治八年の着任以来、三人の子供をコレラで失いながらも本県の医教育、医療の発展に貢献したオランダ人医師ホルトマンが金沢を去った。この年の十月、金沢医学所は金沢医学校と改称され、信吾は、金沢医学校の初代校長兼石川県金沢病院用掛に任じられ、兼務していた富山病院長と富山医学所長を退くこととなった。

直後の十月十六日付けで県から、ドイツ医学教師の雇用と医学校教則の改正を主な目的とする医務調査を命じられた信吾は、同年十一月十二日、金沢を出発、ドイツ人医師ローレッツの雇用などの職務を遂行、翌年の明治十三年二月に帰県、「金沢医学校通則」を編纂するなど改革に手腕を発揮した。

信吾はこの年十月に金沢医学校の校長兼県金沢病院長という重責を担うことになる。しかし、県の主導によるドイツ人医師ローレッツの雇用や、短期間の就任で金沢を去ったローレッツの後任として採用されたのが、ドイツ医学を導入した東大医学部の第二回卒業生であったことなどに見るように、我が国の医学の主流は、信吾らが学んだオランダ医学からドイツ医学に転換する時期であった。このような状況は、信吾にとっては、快事でなかったと思われる。

明治十五年（一八八二）五月、国は医学校通則を改革し、全国の医学校を無試験で医師免許を習得できる甲種学校と速成の医師養成を行う乙種医学校に区分することで、我が国の医学教育の充実を図る一方、これにより東京大学を中心とした医学教育の統制を図ろうとした。

この改革により、同年から全国の医学校の甲種医学校への昇格が始まったが、この頃では、ほとんどの医学校の校長が東京大学医学部でドイツ医学を習得した医師たちであり、金沢医学校の信吾のみがオランダ医学を学んだ校長であった。金沢医学校の甲種医学校への昇格は、他の地域より遅れ、明治十七年三月にようやく布達されているが、それは校長である信吾がオランダ医であったことが一因であったとも言われる。

同年十一月、ジョン万次郎の長男で東京大学医学部を卒業した中浜東一郎の岡山県甲種医学校から金沢甲種医学校への来任が決まり、翌十二月に信吾は、彼に校長の職を譲ることになった。これまでオランダ医学の名医の名を、欲しいままにしてきた信吾にとって、一連のドイツ医学への衣替えは愉快なものではなかったであろうことは想像に難くない。

この間の一連の人事が、金沢甲種医学校内で軋轢《あつれき》を生み、信吾は、藤本純吉、不破鎮吉、伍堂卓爾などオランダ医の同志たちと共に、と言うより彼らを引き連れて、金沢甲種医学校を退職し、私立の尾山《おやま》病院を設立することとした。翌明治十八年（一八八五）二月、金沢博労町に北陸では私立病院の嚆矢《こうし》とされる尾山病院を開設、院長となり、この地域の医療の発達に貢献した。明治三十三年（一九〇〇）一月、満六十二歳で逝去、彼が眠る墓は金沢市小立野の天徳院にある。

7

嵯《さ》峨《が》 寿《じゅ》安《あん》

発機丸の横浜からの廻航に乗りこむ

——厳冬のシベリアを横断しロシア留学——

◉大村益次郎に師事し塾頭に

明治三年（一八七〇）五月、ロシア留学のために、ロシア軍艦エルマーク号で箱館からウラジオストクへ到着し、その後、馬車やソリなどで厳冬のシベリアを横断、実に全行程およそ八千キロ、八カ月にもおよぶ苦闘の旅の末、当時の帝政ロシアの首都サンクトペテルブルグに明治四年（一八七一）一月七日に到着した加賀サムライがいた。

この加賀サムライとは、七年ほど前の文久三年（一八六三）の春に江戸での修学を一先ず終えて、藩が前年にイギリスから買い入れ、横浜から国許へ廻航した軍艦発機丸に乗り組み帰藩した嵯峨寿安のことである。

寿安は、天保十一年（一八四〇）、十三間町の開業医嵯峨健寿の次男に生まれた。父は、もとは、越中（富山）の東岩瀬の出身であったが、京都で医業を修めた後、金沢城下に居を構え医業を生業《なりわい》とした。父は寿安に医業を継がせようと思い、当時、名医として高名であった黒川良安《まさやす》の門をくぐらせた。

良安は嘉永三年（一八五〇）に加賀藩で最初に種痘を行い、慶応元年（一八六五）、卯辰山養生所主附となり、明治元年（一八六八）に藩命により医学館を創設する準備を行うために長崎に出張、翌年、現在金沢大学医学部に保管されているキンストレーキ（人体模型）や医学書、医療機器などを購入して帰国、この医学館の総督医を務め、この地域の蘭学の指導者、また北陸の近代医学の祖として勇名をはせた人物である。

黒川良安に学んだ後、寿安は江戸に出て、安政六年（一八五九）十月に当時多くの有為な加賀藩士が入門し、その頃には村田蔵六と名乗っていた大村益次郎が開いた鳩居堂《きゅうきょどう》の門をたたいた。良安が満十九歳の頃である。江戸に出た経緯《いきさつ》は、安政四年（一八五七）良安が藩主の参勤交代に従い江戸詰になった際に、寿安もこれに従ったことによるらしい。

寿安は大村益次郎のもとで、西洋医学のほか、洋式兵学や合理的な西洋の学問を習得し、優れた才が認められ二代目の塾頭に登りつめた。話は多少横道にそれるが、寿安に先立ち鳩居堂の初代塾頭になったのも加賀藩士である。名は安達孝之助。彼は、江戸詰めの際、大村のもとで学び、金沢に帰ってからは、壮猶館《そうゆうかん》の教授として活躍した。
しかし、明治元年（一八六八）京都で大村に再会、推されて伏見兵学校の教官となったが、翌年九月の京都三条木屋町で大村が襲われ暗殺された時に同席していた安達も命を落とすことになる。彼ら二人のほか、関沢孝三郎、朝野新聞で活躍する沢田直温《なおはる》など加賀藩士で大村に学んだ者は多い。

加賀藩は文久二年（一八六二）の暮に横浜でイギリスから六万五千両で汽走帆船を買い入れ、軍艦として発機丸と名づけた。発機丸は翌年の新年早々、佐野鼎、関沢孝三郎ら数人の藩士が横浜に出向いて受け取り、三月に国許に廻航された。冒頭でも述べたように、この廻航される発機丸に乗船して寿安は故郷に帰ったのである。この時の発機丸には、佐野鼎、関沢孝三郎のほか、江戸の軍艦操錬所に入学して間もないものの機関方（蒸気方）棟取として加わった浅津富之助などが乗り込んでいた。

寿安が発機丸に乗り込むことになった事情の詳細はよくわからない。一通りの江戸での修学を終え、帰藩することを準備していた矢先にタイミング良く発機丸が国許へ廻航されるということで、便乗したのか、それとも医学と洋学を一応究めた人材として、船医の資格で操船搭乗員の資格を有しての乗船であったか、今のところどちらとも言い難い。

また、発機丸が横浜を出港した正確な日時や、国許の宮腰《みやのこし》（金石《かないわ》）までの航海ルートもはっきりわからない。一般的には、相模灘、遠州灘を経て、紀伊半島を迂回して瀬戸内に入り、関門海峡から日本海に出て東に進路を取ったか、逆に太平洋岸の東北沿岸を北上し津軽海峡から日本海側に出て南下したものかのいずれかであろうが、距離的に津軽経由が近道であるから、後者のルートのように思える。発機丸を購入した頃の藩士の書簡には、当初、発機丸は越中の伏木港を母港とするとの記述が見えるから、なおさら、北廻りの津軽海峡経由の方が航行距離が短くなる。

津軽海峡を経由した国許への廻航であったならば、発機丸は箱館港に錨を下ろしたに相違ない。この頃の箱館は、安政二年（一八五五）の開港以来、条約国の領事や商人の渡来を促し、中でも地理的に近いことからロシア船やロシアの建造物など多くみられたはずである。寿安はこの航海の途中で立ち寄った箱館で、ロシアの商館内には病院が設けられ、土地の日本人たちも治療を受けることができるという話を聞くなど、ロシアの文化や生活の一端に触れ、後年ロシアに強い関心を抱くようになり、後にロシア留学を望んだのではなかろうか。

発機丸はその姿を藩士たちや城下の民にお披露目すべく、文久三年三月十七日（太陽暦では五月四日）、金沢城下の西に位置する宮腰沖に姿を見せた。しかし、生憎の高波で発機丸は沖合八丁（約八〇〇メートル）ばかりに錨を下ろしており、終日波がおさまらないために夕方に宮腰沖を離れた。発機丸が再び「白地剣梅輪内紺」の船印も鮮やかに再び宮腰に雄姿を見せたのは、海が凪いだ十九日であった。このようなことから寿安が発機丸から下艦したのは、三月の十九日頃であったと思われる。

◉ロシア正教会司祭ニコライとの出会い

その後、寿安は、当時、多くの人々が西ヨーロッパに興味をもったのに対して、ロシア語とロシアの文化に強くひかれ、ロシア行きを模索する。横浜にロシア船が入港していると聞きつけ横浜に行ったものの、すでに箱館を目指して出港済みと聞き、草鞋《わらじ》履きで一カ月かけて箱館まで追っかけたが、ここでも乗船がかなわなかった。

そこで、箱館でロシア語を勉強しようと決意し、慶応二年（一八六六）七月、ロシア領事館付けのニコライという司祭に師事することを乞い、寿安の熱意ある勉学ぶりからニコライは、寿安に同居することを許した。寿安の箱館到達までの話は、確固とした史料に基づくものでなく、怪しげな点もなしとはしないが、ニコライに師事し、同居したとのくだりは史実である。

ニコライは、本名をイワン・デミトロウィチ・カサトキンと言い、ペテルブルグ神学大学を卒業し、剪髪式を終えた後に改名し、文久元年（一八六一）にロシア正教会の箱館領事館付きの司祭として来日。禁教下にあった日本で布教につとめ、自らも日本の文化に興味を持ち、少なからず信者も得ていた。

寿安が薫陶を受け、ロシアに渡った後の話になるが、ニコライは、一時帰国の後、再来日して、明治五年（一八七二）には、箱館から東京に移り駿河台に本部を設け、全国に布教活動を広げ、明治二十四年（一八九一）には、復活大聖堂、別称ニコライ堂を駿河台に建設、この頃では、教会二百十九、信徒は二万人を数えている。大津事件や日露戦争においては、両国間の平和的な橋渡しに奔走するなど、宗教のみならず、文化をはじめとする様々な両国間の交流に多大な足跡を残した人物であった。

寿安はニコライの下でロシア語や同国の実情を学びながらロシア留学の機会を待った。しかし、戊辰戦争で幕府は倒壊、五稜郭の戦いで混乱する箱館を避け、一時郷里の金沢に帰ったが、ひたすら勉学に打ち込み、語学力もかなり備えるようになった寿安の姿に以前から感じ入っていたニコライは、一八六九年正月五日付けで、嵯峨のロシア留学を推薦する手紙を加賀藩家老宛てにしたためてくれたのである。この西暦で記された年月日は、当時はまだわが国で使われていた陰暦の明治元年十一月二十三日ということになる。

詮議をした藩の重臣たちは、寿安は「特別厚志の者」であると、明治二年（一八六九）四月二十八日に渡航許可を与えた。藩重臣たちが寿安を「特別厚志の者」であるとした事情は、次のようなことがあったからである。

戊辰戦争が始まり、官軍に対抗して幕府の海軍副総裁榎本武揚《えのもとたけあき》が、八隻の幕府軍艦を率いて品川を発して蝦夷地に向かったのが明治元年（一八六八）八月十九日。この事態に新政府側からの要請で加賀藩は、藩の軍艦駿相《しゅんそう》丸に御用米千八〇〇俵を積み込み、九月二十二日に箱館に到着したが、同年十一月五日には榎本より松前城は陥落させられ、官軍側は窮地に立たされるという事態となった。

この時、箱館の内情に詳しかった寿安は、藩に様々な情報を提供するとともに、対外交渉などについて駿相丸の乗組員に協力したのである。このようなことから寿安は藩の重臣たちにも知られる存在となっていたのであり、単なる一介の町医者の息子という存在を超えた立場にあった。

箱館が榎本の手に落ち、寿安が危険を感じて箱館を離れる前後に、ニコライは寿安の留学を推薦したのであるが、帰藩した寿安は、明治二年（一八六九）二月末には、弾薬製法の手腕を評価され、役料五〇両での弾薬調理役として、藩の役人に登用されていた。

◉寒風に耐え八千キロを横断

留学許可から出発までにおよそ一年の歳月を要したのは、採用された弾薬調理役やその後に拝命した開拓方通弁の職務の残務整理、金沢から横浜、そこからアメリカ船による箱館への移動、ニコライとの打ち合わせや渡航の準備に手間取ったからであった。ウラジオストクへ到着した寿安は、その後、馬車やソリなどでシベリアを横断、ウラル山脈を越えて、ようやくノヴゴロドから汽車に乗り、当時の帝政ロシアの首都ペテルブルグ（サンクトペテルブルグ）に到着した。実に全行程およそ八千キロ、八カ月にもおよぶ苦闘の旅であった。

ウラジオストクからノヴゴロドまでの道筋について寿安は記録を残していないが、彼が帰国後に記憶をたどり語り伝えた話によれば、アムール川（黒竜江）の支流ウスリー川に沿ってハバロフスクまでさかのぼり、そこからさらにアムール川の上流に名づけられたへイロン川をゼイヤー号という汽船で登り、ブラゴヴェシチェンスクを経て、スレテンスクに到着、ここからは買い取った馬車でチタ、キャフタ、今は石川県と姉妹都市となっているバイカル湖畔のイルクーツク、トムスク、オムスクを経て、寒風に耐えながらウラル山脈を越え、ペルミに到着、ここで馬車を売りはらい、ボルガ川に沿ってソリでカザンを経由し、ノヴゴロドに着いたという。しかし、この行程については、ハバロフスクからアムール川を下り、河口に近い現在のニコライエフスクナアムーレまで出かけたとも言い、カザンからペテルブルグの道筋については、モスクワを経てノヴゴロドに入ったものか、モスクワ経ずに直にペテルブルグに着いたものか明確ではない。

◉伊藤博文に傲慢な態度で接し媚《こ》びず

寿安は、ペテルブルグで三年間学んで帰国したが、ロシアでの生活について何の記録も残していないので詳細は分からない。留学中に会った数少ない人の中に伊藤博文がいるが伊藤の寿安に対する印象はとても悪かったようである。

廃藩置県直後に新政府は条約改正の準備交渉を目的に、岩倉を特命全権大使、木戸孝允、伊藤博文、大久保利通、山口尚芳を副使、福地源一郎、久米邦武らの随員、金子堅太郎や津田梅子ら留学生を伴い総勢一〇六名で遣外使節を派遣した。アメリカ船で、横浜を発ったのは明治四年（一八七一）十一月。この一行は翌明治五年正月にワシントンに入り、交渉に入ったが意見が折り合わず不調に終わり、それ以後は、視察旅行となった。

その後、この使節団は、七月にアメリカを出発しイギリスに渡り、十一月にはビクトリア女王に謁見し、続いてフランスでパリを視察、翌明治六年二月から、ベルギー、オランダを訪れ、三月にドイツのベルリン、同月末にロシア、四月にはデンマーク、スウェーデン、五月にはイタリア、六月にはオーストリア、スイスを訪問、七月末にフランスのマルセイユ港から帰路につき、一年十カ月にも及ぶ旅を続け、同年九月に帰国した。

この使節団が明治六年（一八七三）の春にペテルブルグを訪れた際、彼らは寿安に対面し、旅の行程図を求め、旅の経験談をつぶさに質問した。この時には、木戸と大久保は政府の命令ですでに帰国しており、副使の伊藤がこの場の対応の中心であったはずである。伊藤は、寿安と郷里を同じくする三宅雪嶺《みやけせつれい》に「ロシアであった寿安という男は酒好きで、傲慢で、自惚れが強く、虫の好かない奴だった」というような意味のことを語ったという。寿安は一行にへりくだるような態度は見せず、伊藤に媚びるような姿勢も示さなかったのである。

このような寿安の振る舞いは、彼自身の性格に負うところが多いと思われるが、寿安にはそれなりの言い分があったことも事実であった。というのは、寿安が箱館を発った頃は、廃藩置県以前であり、藩が資金の面倒をみて、新政府の許可も得たれっきとした藩費留学生であったが、留学中に新政府による廃藩置県の断行で、藩は消滅し、十分な資金が途絶えてしまっていた。そのため、寿安はこの使節に会った当時、持前の不屈の精神で修学していたであろうが、翌年に帰国していることから推察すれば、経済的に行きづまり、時としては酒で不満を紛らわせていたのである。このような時に新政府の使節として、ロシアを訪問し、丁重に扱われる使節団を目の前にして、寿安が愉快な気持ちになれず、彼らに傲慢と思わせる態度であったとしても不思議ではあるまい。

◉帰国後の世捨て人的な生活

寿安は、翻訳した『韃靼《だったん》事情』など三冊の遺著以外に、先にも記したが、ロシアでの勉学や生活の様子を知ることのできる手記めいたものは一切残していない。明治七年（一八七四）に帰国した寿安は、この年の十月に、北海道開拓使の御用係として箱館在勤の職を得たが、このポストが寿安にとって不満なものであったことは想像に難くない。大きなスケールの自身の生きざまと独特な自我意識は筆を持つ小役人を嫌い、さげすんだと記すものもある。

このようなことから仕事にも身が入らず、まもなく免職となり、その後、学校の教員や東京外国語学校からの依頼で「露和辞典」の編纂事務、富山県東岩瀬での医者、東京での内閣官報局務めなどに携わったようであるが、職をまっとうするような姿勢は示さず、いずれも長続きしなかった。

帰国後の寿安には、苦難をものともせず、意気揚々とロシアに向かった頃の面影はなかった。すでに資金が途絶え、ロシアで悶々《もんもん》とした生活を酒で紛らわしていたと思われる酒癖を取り払ってくれるようなポストが帰国後与えられない不満は、その悪癖を益々増長させ、彼に接する周囲の人々との軋轢《あつれき》を生むという悪循環が続き、健康も蝕まれるという状況であった。

このような寿安の生活ぶりから、彼の名前も、我が国における最初のシベリア横断の快挙も人々の記憶から薄らぎ、忘れ去られようとしたのであるが、明治二十年代の半ば、一つの出来ごとをきっかけに、嵯峨寿安という名前と彼が明治初年に成し遂げた快挙を思い出させる記事が雑誌に掲載された。

その出来事とは、明治二十年（一八八七）にドイツ公使館付武官として赴任し、同二十五年二月にベルリンを出発、一年以上の歳月をかけて単騎シベリアを横断し帰朝した福島安正という軍人の行動を当時の新聞が大々的に報道し、国民がこぞって快挙と誉め讃えていたことである。そして、この福島安正の行動を誉めたたえているばかりの風潮に対して、シベリアを独歩横断した者が既にいると、明治初頭の加賀サムライの快挙を雑誌「亜細亜」が取り上げたのである。

◉国木田独歩が日記で憐れみ、惜しむ

この加賀サムライの快挙は、小説家の国木田独歩も知らなかったと見えて、独歩は、自身の日記「欺かざるの記」の明治二十六年（一八九三）九月一日の記述で、昨日友人の久保田富次郎から聞いた話だと断り、快挙を成し遂げた嵯峨寿安なる人物が、今は零落していることを、面白き実話だと次のように書き留めている。

「彼は大村益次郎の塾にありて塾頭たりし英物たりし、彼は二三年の際（明治二、三年の頃の意であろう）、政府より魯国留学を命ぜらぬ。彼れは自ら撰びて西べリアを横ぎり魯都に達せし人。雑誌「亜細亜」が福島中佐熱の熾《さかん》なる時、西べリアを独歩横断せし者、我国已に其人ありと叫びしは、此人の事なり。彼は帰国して重く用ひられぬ。若し正当に今日迄で進みしならば、確かに全権公使位ならんとは人の評する処。而して今の彼は如何、何省の雇として漸く食ふなり。如何にして此の零落を見たる、発狂、飲酒、加ふるに産を治むる能はず。朋友、親族全く見捨てし也と（後略）」。

この後も、日記には、久保田や独歩の寿安に対する所見や寿安の奇行が綴られているが、九月一日の午後に友人の引頭百太を訪ねた独歩は、前日に久保田から聞いた話だと寿安について引頭に話したところ、男の名は嵯峨寿安であることなど、より詳しい話を聞かされることにな

り、先の話の続きとして、これもまた日記に次のように書き留めている。

「寿安、さきに官報局の筆工に雇われ十八銭計りの給料に自活せしも、垢《あか》じみて汚なき故を以て免職、寿安、魯都に在る時已に不平あり暴飲す。帰国後不平愈々《いよいよ》甚だしく、愈々零落す。寿安魯語の外に和蘭語を善くす。自ら云う和蘭の方本職なりと。引頭の朋友、嘗《かつ》て寿安に就き魯語を学ばん者と四ツ谷なる宅を訪ふ、固より廃屋見るに堪へず。鏁《せん》（鍵《かぎ》・錠《じょう》）掛けてあり。叫べども答ふる者なし。忽《たちま》ち後ろより叫び来る者あり嵯峨寿安は僕なりと。笑て迎へて言ふ。先日鏁を掛けずして外出したりしに盗難に逢へりと」

これに続けて、住居は埃だらけで座る場所もないくらいであること、マッチを付けて明りを取り話すこと、友達が衣類などを恵んでも、それを直ちに酒に代えてしまい、かつては四斗樽を据えて飲んだなどと、彼の零落した様子を様々に紹介し、「憐れなり」と結びつつも、「大村の死後蓋《けだ》し人に知られざるなり」と、福島安正の名声の陰で、一人の奇抜な人物の名が埋もれ行くことを惜しむかのようにも感じられる記述をしている。

寿安は福島安正という軍人が華々しく報道され、持て囃《はや》されていることをどのように思い、感じていたであろうか。よく知られているようにシベリアを横断した者は寿安の横断と、福島の横断の他にもう一人、榎本武揚がいる。福島と榎本の二人は寿安とは違い、ヨーロッパからの帰国に際してのシベリア横断であり、二人とも高級官僚の特権を生かした旅で、寿安の横断に比べはるかに安全が保障されていたのである。

榎本は、維新内乱に際して、幕府側に立ち箱館五稜郭に立てこもったが、明治二年（一八六九）五月に新政府に降伏、牢につながれたものの、同五年（一八七二）三月に赦免され、開拓使に出仕し、能力が買われ同七年一月には海軍中将兼特命全権公使ロシア公使館在勤を命ぜられ着任、寿安と入れ替わるようなタイミングでペテルブルグに入ったのである。同八年（一八七五）五月に樺太・千島交換条約の調印にこぎつけた榎本は、一躍時の人となり、同十一年（一八七八）七月にペテルブルグを出発、馬車で踏破して同年十月に帰国した。

寿安にしてみれば、自身のロシア留学は、ニコライの下で学んでいた時に新政府側からの要請で藩が軍艦駿相丸に御用米を積み込み箱館にやって来た際に、箱館の内情をつぶさに藩に提供し、対外交渉などについて藩に協力したことがきっかけであった。このときには、新政府に反抗していた榎本がいつの間にか政府の要人となり、自分と入れ違いにペテルブルグに入り、その帰りには自分とは逆方向にシベリアを横断し人々の注目を集めたことにどのような感慨を抱いたであろうか。

また、かつてはニコライのもとで一緒に同居して共に学んで、同じような時期にロシア留学を果たし、同時期に帰国し、開拓使御用係として樺太在勤となった小野寺魯一が、千島・樺太交換事務通訳として活躍し、ウラジオストクへ派遣されてロシア皇帝より勲章を受けるなどの活躍している姿もどのように見ていたのであろうか。

当時の寿安の気持ちを推し量る材料はないが、廃藩置県後に大きく変化した社会とその時流に榎本や小野寺のように乗れなかったわが身を対比させ内心忸怩《じくじ》たるものがあったのではなかろうか。

寿安の最後の勤め先は明治三十年（一八九七）一月に得た参謀本部付けの広島第五師団ロシア語研究会の講師であった。しかし、酒気をおびての講義はロレツも怪しく、集まる者も少なく、英雄や豪傑について語り、一人で悲しみ、憤慨していたという。およそ二年後の明治三十一年十二月四日、寿安は五十九歳の生涯を広島の地で閉じた。「嵯峨寿安の墓、石川県金沢市笠市町二十四番地」と刻まれた墓は、投下された原爆の洗礼を受けたが、広島市鉄砲町の超覚寺に三千余の無縁仏とともに今もある。

三　付録

「跡戻り記」

加越能文庫　特十六・五二―四六

発機丸に関しては、元金沢星稜大学教授田畑勉氏による優れた論考「加賀藩の洋式軍艦〝発機丸〟について―その購入と航海をめぐり―」（金沢星稜大学論集　第四〇巻、第三号、平成十九年三月）がある。論考の中で「跡戻り記」は詳細に引用されており、拙書の記述や翻刻する際には参考にさせていただいた。井上如苞旧蔵の「跡戻り記」は、金沢市立玉川図書館、近世史料館が所蔵する加越能文庫に所収され、前半は須磨浦古跡記、後半は加賀藩が文久二年（一八六二）十二月にイギリスから最初の軍艦として買い入れた汽走帆船発機丸の翌年文久三年十二月から慶応元年六月（一八六五）に至る航海記録である。ここでは後半の航海記録のみを翻刻し紹介する。

本史料の旧蔵者である井上如苞は、発機丸の勘定方として乗船した井上忠左衛門であり、かつ本史料の記述者であると思われるが確証はない。しかしながら、彼の「先祖由緒並一類附」（加越能文庫、特十六・三一―六五、帙四二）によれば、「将軍家へ発機丸が借上げとなり、役人達も乗込むということで、急いで所口（七尾）に出向き、発機丸に乗込んで御用を勤めるように仰せ渡されたが、歳を取っており、寒天の航海は甚だ心許ないことであったので、お断りした」との記述に続けて、「強而御用相勤候様被仰渡候ニ付、同月（十一月）廿一日金沢出足、所口江罷越、積入品等取調仕御艦乗組同十二月二日同港出艦」（強くこの職務を遂行するよう仰せ渡されたので、十一月二十一日金沢を出発して七尾へ出向き、積み込まねばならない品等を取り調べて、発機丸に乗込み十二月二日に七尾港から出艦した）と記している。このように「先祖由緒並一類附」に見える井上忠左衛門の金沢からの出発日と本史料の表紙の出発日が一致していること、また、本史料の記述者が七尾に出向く前後の時期の記述内容が「先祖由緒並一類附」の井上忠左衛門の行動と矛盾していないことから、本史料は井上忠左衛門の記述であり、井上忠左衛門と井上如苞は同一人物である可能性が高いと考えられる。

表紙の出発日は十二月二十一日とある。十一月二十一日のことを誤記したと思われる。

翻刻に当たっては原本に従ったが、古文書に不慣れな人が理解しやすいように、以下のような手を加えてある。

一、原本にはないが適宜、読点や並列点を付けた。

二、古文書独特の読みづらいと思われる漢字には、（　）でふり仮名を付けた。

三、助詞として使われる江（え）、而（て）、者（は）、茂（も）、与（と）、欤（か）哉（や）などは、そのまま漢字を使い、活字のポイントをやや落として右寄せした。なお、合字のゟ（より）、〆（して）もそのまま使用した。

四、意味の不明な文字については（ママ）、読みを推定した場合は（カ）と注記した。

五、原本の空白箇所には字数分をあけ、（原本空白）と注記し、表敬の欠字は一字あけた。

六、抹消、修正、挿入された箇所は、訂正後の表記とした。

（表紙）
「井上如苞（ママ）より御借入卅三点の内（付箋、この行朱書）
文久三のとし亥の十二月二十一日発足より

跡戻り記

（付箋）井上如苞献 三十二枚（朱書）（献は朱印）
（後筆）幕末外交　397　井上」

（本文）
今暁水野和泉守殿江聞番御呼立、御用之品有之候間、御所持之蒸気船一艘乗組士官共、暫時之内御用立候様可仕候、尤可成丈取急、品川沖江相廻候様御心得、委細之儀者勝麟太郎殿承合候様可仕旨御書取を以被仰渡候趣、聞番定助土師栄太郎書附御書取壱通

一、右ニ付、今朝麟太郎殿江栄太郎罷出相伺候処、右ハ此方様ニ不限御船御所持之御方々江ハ不残御借上被仰渡、若《もし》損所等之義有之候とも其侭御借上於
公辺御修覆可被仰付筈、石炭并諸入用之義者大坂着船迄ハ於御手前御弁、大坂着

水野和泉守は、老中水野忠精《ただきよ》（山形城主）

勝麟太郎は勝海舟。当時は幕府の軍艦頭取並

聞番《ききばん》は、江戸の大名屋敷にあって幕府との連絡調整や情報収集の役目を担った。

船の上ハ石炭等悉皆従公義御取極可相成積之旨等御申聞之段、聞番書取壱通右之通上之申候、依之今日不時（ふじ＝すぐにの意）定町飛脚四日半歩申渡候、以上

十一月六日　　織田左近　印

長　大隅守　様

追而本文御書取御渡被成候、御承知之御届等相伺候様中川式部等江可被仰渡候、以上

一　御書取　　壱通

右今暁水野和泉守殿より御呼立ニ付、私罷越候処、御所持之蒸気船壱艘乗組士官とも暫時御用ニ付、早々品川沖迠相廻候様書取を以相達候旨役人井上采男を以被仰聞御渡被成候ニ付、承知仕国許江申遣、追而否御届仕ニ而可有御座旨申述置候、

右壱通織田左近江相達上之申候

御承知之御届等被　仰出次第聞番之内相勤申ニ而可有御座候　以上

十一月六日　　土師栄太郎　判

巻目之上

加賀中納言家来江

御用之品有之候間

長大隅守は藩の年寄、八家の一つで当時の当主は連恭《つらやす》。当時は海防主体の任務に当たっていた。

中納言所持之蒸気船一艘乗組士官共、暫時之内御用立候様可仕候、尤可成丈取急、品川沖へ相廻候様相心得、委細之儀ハ勝麟太郎承合候様可仕候事
蒸気船御借上之義ニ付、勝麟太郎殿江今朝定助土師栄太郎罷越役人山田助之丞江懸合、昨日水野和泉守殿ニ而御達之趣申述相伺候処則御逢い被成右ハ此方様ニ不限、御船御所持之御方々江ハ不残御借上被仰渡、就而ハ若《もし》損所等之義有之候共、其侭御借上於
公辺御修覆可被　仰付筈、石炭并諸入用之義ハ大坂着船迄ハ於御手前御弁シ、大坂着船之上ハ石炭等悉皆従　公義御取賄可相成積り之旨、御中聞御座候ニ付、委細承知仕、其旨国許江相達可申候得共、乗組士官未乗試尓《に》与手馴申間敷哉与奉存候旨も申述候所右ハ於
公辺も未乗試方慥《たしかなる》成者多くも無之候得共、何レ主たる者御指加ニも可相成候間、無御懸念御在合の侭、可成丈早々御指出、来月初旬迄ニ着船候様、御心得可被成旨御申聞被成候段罷帰申聞候事
十一月六日　　　　　　聞番
一　右ニ付私儀御軍艦方相勤候様被仰渡候節、航海等乗船ニ不及候間相勤候様兼而御申談ニ候得共、今度之儀者格別之事ニ付、乗組呉候様事分候而、小幡殿等ゟ御申

聞ニ付承知仕、則御算用場奉行中江も御演述有之、十二月廿一日昼頃無組小頭ニ而留書兼帯之吉崎新六同道、深雪之内発足御船御用金子弐千両尾張丁田中屋弥兵衛江願置候分御長持入ニいたし受取封印ニ而右新六江相渡、小遣丈左衛門、勘左衛門召連同日夜五半時頃津幡駅（原本空白）止宿翌廿二日今浜駅（原本空白）止宿廿三日二ノ宮村（原本空白）止宿、廿四日昼後所口池田屋多三郎方ニ止宿、同日御船ニ罷越、無程《ほどなく》池田屋江罷帰、廿六日夜ゟ乗船仕廿六・七日頃ゟ同廿九日迠ニ乗船之人々追々参着、於金沢岡田雄次郎殿、安井和介殿頭並被　仰付、関沢孝三郎、新番九里覚右衛門殿給人何某弟浅津富之助、割場奉行支配御歩並御切米三拾俵ニ被　召出、水夫小頭羽入亀吉、同松永吉之助、蒸気方小頭木高長蔵三拾俵外御給金六拾匁充被下、右頭被仰渡水夫小頭長尾栄太郎、御切米弐拾俵外御給金四拾五匁、右頭（原本空白）外水夫等御給金増等被仰渡十二月朔日何連茂御船江乗組候

一同二日夕七ツ時所口出港、三日暁奥佐渡の山ヲ見付、朝五ツ時佐渡の西ヲ騆過、同夜、西風至而烈敷、帆裂ヶ蒸気器械挫折御船動揺甚敷、飲食の器展転破砕仕候、暁天羽州渡鹿山見付、針ヲ辰に折り、昼八ツ時過舟川港江着船、二日快晴三日夜六ツ時ゟ小雨、四ツ時ゟ雨ニ成ル、同四日雨、五日、六日、七日、八日雪、九日晴、十日雪、昼ゟ晴、夫ゟ十四日迠晴、秋田領舟川ニ而蒸気器械ボウトウ《ボルト＝ネジ》修覆し

十二月とあるが、前後の記述から十一月の誤記と思われる。

舟川港は船川港。男鹿半島の付け根南側に位置する。現在は男鹿線の終着駅がある。藩政期は雄物川河口の土崎港に入る北前船の風待ち港であった。

十四日沾碇泊、同所家数百軒斗、男女共上股引《ももひき》を着ス、名ヲムクラト云、秋田城下江七里鳥海山、鷹俣山見ゆる、産物ハタハタ、魚猟一日ニ弐三千貫之利を得と云、併《しかし》、所方ニ銭札有、びらと云、拾貫文にて正味三百文也、百文之札三文也、至而不自由之港也、七尾より百八拾里斗也、御国に而ヤヽと申答ヲナイナイと云、十四日夕七時過舟川出帆、夜九時前八森山丑寅に見ル十五日朝六ツ時奥州岩城山ヲ寅ニ見ル五半時鳥江崎ヲ卯辰ニ見ル同十六日暁八半時前雨降、朝六時過箱館港ニ投錨、当港厳冬なるを以て日本商船泊する者五十艘ニ過ず、雪積纔《わずか》二、三寸、乍併《しかしながら》寒威骨に徹す、日により港内岸ニ近き所、海水凍凝小船往来する者氷ヲ破く、僅ニ漸過ぐ、英吉利商船二隻碇泊、其一艘ハ十八日朝出帆、普魯西商船一隻十六日入口《港カ》せり、峩亜佛ノ諸国船の港内ニ泊する者なしといへ共、五ヶ国各花麗の商館ありて、夷人在留す、峩の館内病院ヲ設け日本人を治療せし由

一　鎮台小出大和守殿夷を抑制し所置厳也とて土人頗是を称せり

一　十月四日南部牛瀧浜にて峩の軍艦ヘルワヤ破損、同日越後の豪商平野のスクー子ル破損、十二月二日松前ヲ距ル事半里大井沢村ニ而英の商船イシリア破損せる由承り候

一　十七日イシリア船之道具等せり売り有之、夷の男女馬車ニ而遊行ス、鱈沢山取れ百文ニ三本位也、子タダミ《鱈の白子》ハ十月頃取候分ならで無之、鱈の子百入桶壱本金三歩

「びら」はビラで紙片の意。

二、三寸は約六〜九センチメートル。

峩はロシアのこと。峩亜仏は、ロシア、アメリカ、フランス諸国の意。

ニ而求候処、見事ニ而風味も宜敷也、同所宿問屋ニ而亀屋武助方也、坪内善之丞義武田斐三郎方内塾罷在候ニ付対面ス

一 鎮台より御船江欠乏之品々可申出旨申来、其上呼立有之、此度公儀御用ニ付、當港碇泊候ハヾ、石炭等御渡之旨被仰渡、則石炭千俵斗并水積入相済、十八日出帆之図之所逆風ニ付十九日暁、七半時過出帆、エサシを丑ニ見ル、昼九ツ時南部領シリヤ崎ヲ過、廿日朝、六半時頃風強御船動揺甚敷昼九時過南部領鍬ケ崎江入港、宿和泉屋民右衛門江申付、廿日・廿一日雪降此港幕府之亀田丸、板倉周防侯の御手船碇泊、皆スクー子ル也、民戸五百余、土人多くハ漁ヲ事トス、盛岡城下江十八里、宮古港江南七丁、仙台城下江五十里、産物紬縞等女商ニ来ル男女風俗替る事なし、女年老ても眉不剃也

一 廿三日夕七ツ半時過同所出帆、夜四時仙台釜石ヲ見、廿四日暁九半時過、酉戌ニ大亀、申酉ニ小亀ヲ見ル、八時仙台ノ岬ヲ西ニ見ル、金花山江ノ嶋ヲ西ニ見ル、金花山中ニ大金寺と云大寺一軒有り、昼九時金華山の東を過き、風漸く逆風雨針下るを以仙台小淵に錨を下す、去共何茂上陸せず同廿五日朝四時過同所出港、四半時過、松嶋ヲ西戌ニ見ル、仙台原釜ヲ西ニ見ル、小雪降夜九時過、風烈敷波高甲板上江打込、松島を見るといへ共、廿六日暁八半時前、烈風ニ而御船動揺、甚夕蒸気器械運転悪敷暫時運転ヲ止メ之ヲ直シ、旧ニ復スル事ヲ待、八半時風静り、

鍬ケ崎は宮古湾の北端に位置する。古くからある港で藩政期には盛岡藩の外港として栄えた東北有数の港であった。

板倉周防は当時老中であった板倉勝静。備中松山藩主である。

大金寺は金華山の西斜面に鎮座する現在の黄金山《こがねやま》神社。神仏分離前は、金花山大金寺と称した。

朝六半時過、筑波山申ニ見ル、日光山ヲ酉ニ見ル、筑波山ハ高くメ丸ク、日光山ハ低クメ平ラカ也、五時過、富士山を見ル、四半時、蒸気工合悪敷運動止ル、直し候而無程運転ス、廿七日朝六時、富士山ヲ戌亥ニ見ル、同時伊豆大嶋ヲ酉ニ見ル、五時七島ノ内トヲ島ヲ申ニ見ル、四ツ時過、下総洲崎に至る、此時雲州の八雲丸二本柱蒸気船伊豆の方より来ル、御船に先立て品川の方を指て驅行、昼九半時過、浦賀ヲ酉ニ見、八時過、観音岬ヲ午ニ見、八半時前、金沢ヲ戌ニ見、八半時、横浜ヲ戌亥ニ見ル、夷艦の横浜ニ泊する者二十隻ニ過る、夜六時過、品川沖江着船、扨《さて》江都御城御炎上之事故御上洛も如何と存居候処、明日　御上洛承り驚申候、蒸気船の碇泊スル者、皆ランタール・高提灯ヲ点し焚々目を驚せり、御船江も明日出帆いたし候而も差支無之哉ニ御尋ニ候得共、御船ハ餘り差懸候事と申、且ケートル損傷有之滲漏口々甚しく蒸気之度上り申さず、元来六十封度を以て極と致し候、然所此度の航海中三十封度ゟ上ル事希ニして動《ややも》すれハ十封度以下に下ル故ニ御船進ム事速ならず、明日の御供に加る事出来申さず、船中挙て遺憾とす、三十日浜御殿江　御成、直ニ石川嶋にて製造せし所の千代田形一番丸に召され翔鶴丸江御乗船、極メテ速に一時十八里颿候よし、廿八日　御上洛諸船暁七半時頃焚付朝六半時頃抜錨、右御座船翔鶴丸二本柱外車スコールステン弐つ、近頃御買上之由、御御供船ハ順動丸二本柱外車スコールステン二つ、朝陽丸、蟠龍

江都御城御炎上之事とは文久三年六月三日、江戸大火で江戸城西丸が類焼したことを指す。

ケートルとは蒸気機関の蒸気釜のことで、オランダ語のストムケイトル。

丸三桅《帆柱》、内車蒸気船、以上四艘。幕府之観光丸三本柱外車、肥前江御渡ニ相成居候蒸気船二桅ラット乗組も皆鍋島藩中ニ而十二月二日本国出帆のよし、筑前の蒸気船大鵬丸二桅外車、雲州之八雲丸、以上七艘、何茂《いづれも》日の丸の国印ニ中黒の小幟《のぼり》上け、御座船には別ニ御紋付のフラフ《旗》を上け実ニ偉観とす

一　南部の広運丸三桅《檣＝帆柱》帆前船、當港ニ碇泊せり、跡御用被仰付由ニ而御供ニ加リ不申、十二月晦日出帆

一　千代田形一番丸廿八日出帆、此船蒸機略備り居申由候得共、未ダケートルヲ施さざるを以て、蒸気の用を為さず故に崎陽《きよう》に行きケートルを施入れ全備せんと欲する由、蓋《けだし＝おもうに》日本蒸気船を造る始とす、御船下田江入港せし時、此船猶下田に在り

一　廿八日和蘭の三桅蒸気軍艦一隻入港す、且和蘭の川蒸気船蒸気船の小なる者日々横浜江戸の間を往来す、此日入港せし所の船持、此川蒸気船に乗、兵卒数十人を杦《杉》小舟に載せ、右川蒸気船の後ニ繋き、江戸の方に行く、蓋し高輪宿寺に行く也、右川蒸気船往来数回、兵卒をして皆上陸せしむ、此船御船の近傍を過る時、徽号を卸し礼をなして過く、本船ハ正月四日出帆仕候横浜へ行きし歟

一　西洋各国江鎖港断判として遣わされ候所の使節、佛国江便船乞ひ、廿九日横浜出帆之由、使節ハ池田筑後守殿、御目付河津伊豆守殿、河田何某相模守の由、陽にハ鎖港の断判と称し陰ニハ各国江対し不都合の筋あるを謝する為也抔と申浮説も

崎陽は長崎を中国風に呼んだ名である。

池田筑後守は幕臣池田長発《なかおき》。当時は目付兼外国奉行。横浜鎖港交渉のため、文久三年十二月二十七日、幕府正使としてフランスに向け横浜出港。交渉は不調に終わり、役目不履行の咎で蟄居を命じられた。

御座候、且水府（水戸藩）比頃の情実長州と同意故、幕府ニ於て御国幷仙台等江関東の御警衛御頼ハ、竊ニ不慮ニ備る為なりと申浮説、固より信ずるに足らず候

一　晦日御軍艦所ゟ石炭拾六貫目俵千五百俵小舟ニ数艘ニ積来、御船江積入、此日福山侯三桅帆前船入港

一　御船御供ニ相成候得者、御老中御乗込の筈之処、右の始末ニ而跡御用被仰付、正月朔日夕幕府官吏御乗込、二日暁天之出帆の図の所、日延ニ相成、四日朝操練所ゟ水ヲ送、同日夕方御乗組、五日朝出帆之事ニ決

送状御船江積込候御荷物并乗組之人々荷物左之通

一　御進献
御太刀長持　壱棹
〆

一　長持　壱棹　松平石見守
〆

一　具足櫃　壱荷

一　両掛ヶ　弐荷　中根元之丞
〆

一　長持　壱棹

一　両掛　壱棹　進　銀次郎
〆

一　長持　壱棹

一　明荷　弐ツ　石川忠左衛門

一　具足櫃　壱荷
〆

一　具足櫃　壱荷

一　両掛　壱荷　内藤芳太郎

一　明荷　弐ツ
〆

松平岩見守は幕臣勘定奉行の松平康直。五〇〇〇石供奉の任を終え、この年六月に昇任。

一　両掛　壱荷
　　　　小倉内蔵允
一　明荷　四ッ
一　〆具足　壱荷
一　小長持　壱棹
一　両掛　壱荷
　　　　竹本隼之助
一　明荷　四ッ
一　〆刀箱　壱ッ

一　具足櫃　壱荷
一　両掛　壱荷
　　　　平岩金之丞
一　〆明荷　弐ッ
一　両掛　壱荷
　　　　毛受忠之丞
一　〆長持　壱棹

此外千代田形壱番丸ニ積込之御膳水弐拾三樽、下田港より御船江御積替ニ相成候

発機丸乗組人数名前書并積荷書付

一　御進献御太刀箱　壱
一　御兜建　壱棹
一　御納戸御道具　弐箇

御小姓　中根元之丞
御小納戸　小倉内蔵允
進　銀次郎
石川忠左衛門

内藤芳太郎
竹本隼之助
平岩金之丞
御軍艦取調約
毛受忠之丞
同下役
田上義之助
鈴木濱之丞
御武具方組頭
清水久五郎
山田久蔵
御納戸御仕立方
大沢登之助
荒井新兵衛
外三人
御小姓小納戸家来四人充

右之通御座候　以上
正月四日
田上義之助
鈴木濱之丞

右中根元之丞殿ゟ外三人迠人高拾七人、家来三拾弐人都合四十九人也

一 御船江乗組人并水夫等交名左之通

船持頭並 岡田雄次郎　同頭並 安井和介　御横目定番御馬廻 平松銀右衛門　運用方棟取新番 関沢孝三郎　同定番御歩せがれ御雇 辻 松三郎

運用方定番御歩並せがれ 永山圭二郎　割場足軽 藤田信次郎　蒸気方棟取割場奉行支配御歩並 浅津富之助　同江戸在住御雇 岩城貞造

蒸気方割場足軽 吉川栄作　同小松城附足軽 沢田覚之助　同宮腰足軽 上田保五郎　同 上田次郎吉　同 村井貞吉

照準方新番 関沢安太郎　同頭分四男御雇 近藤岩五郎　医者小松町医 田中発次郎　測量方御郡奉行支配 北本半兵衛　御勘定方 井上忠左衛門

無組小頭等分者兼帯 吉崎新六　同断 大屋儀三郎　小遣 与作　同 小太郎　同 勘左衛門　同 丈左衛門　同 勘次郎

都合弐拾六人、御手当金持将壱歩充、御横目三朱、関孝・辻・永山・浅津・関安・近藤・田中・北本・田中・井上拾人弐朱充、吉川・藤田同様弐朱被下、留書者銀五匁充、小遣ハ銀三匁充碇泊中被下候ニ付、大壱ケ月金七拾三両弐朱ト銀七百五拾目、二口合八拾四両弐朱余、一日分弐両三歩壱朱斗りニ付、航海ニハ此倍ニ被下、小遣ハ航海一日銀五匁充也

当時罷在候水夫并蒸気方共交名并御宛行御給金高左之通

一 御切米 三拾俵充 御給金六拾両充　水夫頭 伊豆 羽入亀吉　一 三拾俵六拾両　蒸気方頭 房州 木高長蔵

同 讃州 松永吉之助　一 三拾五両　小頭 豆州 青木五右衛門

一 弐拾俵四拾五両　同 同 長尾栄太郎　一 三拾両　小頭格 岩沢源助

一　四拾両　小頭 芸州 古川代吉
一　三拾八両　小頭 安曾久兵衛
一　三拾両　志州 船吉
一　弐拾八両充　播州 長松
　佐右衛門
　三四郎
一　弐拾五両　治吉
一　弐拾四両充　五郎八
　吉三郎
一　弐拾両充　政太郎
　菊松
一　拾八両充　重太郎　伊三郎
　幸太郎　伊右衛門
　治助　久太郎
　文蔵　三平
　藤吉　市太郎
　岩松
一　拾五両充　与兵衛　忠次郎
〆　廿七人

一　三拾七両　同鍛冶職 江戸 清洲市五郎
一　二拾両充　仁左衛門
　源松
　喜三郎
一　拾八両　与次右衛門
　兵左衛門
　茂右衛門
　惣吉
　左兵衛
　吉兵衛
　喜兵衛
一　拾五両　栄松
〆拾五人
但、青木五右衛門病気ニ付、於品川ニ
付御暇被下

惣御給金高千六拾壱両之内、五右衛門分引去、千弐拾六両也、内六百九拾八両水夫三百弐拾八両蒸気方也

今度ハ外ニ為水先金弐拾両ニ伊久留屋五右衛門品川迠御雇、其上奥州於鍬ケ崎重而拾両御雇入権右衛門品川迠罷越候也

（付箋）　下田　家数千軒斗
的屋家数三百五拾軒斗、内二百軒斗大的屋東也
猟魚、鯔《（ぼら）》・アハビ・伊勢海老・海苔モアリ、同所港入口ヨリ奥迠二・三里モアリ、澗入四ヶ所モアリ、日本ニ三港ト云

一　四日夕幕府官吏御乗組、五日暁七ツ時焚付七半時過出帆、昼四半時前、浦賀海門関鎖を過く、八時前、伊豆大嶋ヲ南東ニ見ル、夜五時過大嶋ニ相対ス、四半時頃、西風烈敷御船動揺甚敷、遠州洋越へからさるを以て下田江澗懸之事ニ決し、六日暁八ツ時、下田江入港、當港幕府之千秋丸、千代田形、南部侯之広運丸、尾州侯之スクー子ル碇泊ス、御船碇泊中姫路侯之御手船入港、七日朝下田出港、夕六時遠州横須賀沖ニ至る、逆風ニ而御船進まず、動揺極めて甚敷相成申候付、相議して御船ヲ下田江向ケ颿戻す事十里斗、夜五時頃少々風筋宜相成り申ニ付、再ひ西南に向て颿せ、八日夜五時志州的屋港ニ至り碇泊す、九日・十日・十一日風悪、錨を抜かず、十二日朝的屋出帆、十三日夕瀬戸口に達す、夜ニ入て煙靄《もや》朦朧山を見ず、蒸気を減し、緩く御船進む初めハ天保山へ着船の図之所、摂州和田崎を見付、暫時兵庫に碇泊し夜明るを待て難華江行くへしとて、夜半兵庫ニ至て蒸気を

遠州横須賀は遠州灘にそそぶ弁財天川河口の大須賀に隣接し位置する。

的屋港は的矢港。志摩半島の的矢湾に位置する良港。

抜き碇を下す
大樹公御供に而参り候蒸気船等皆此ニ碇泊す、依て調理役順動丸等江被罷越被聞合候所、大坂江行ニ不及旨ニ而直ニ此ニ碇泊之事ニ相成申候、公儀ゟ之乗組之御人々翌朝
御上陸、浪華江御越、調理役、同下役御両人御船ニ残らセ候

一
大樹公廿八日御出帆、浦賀江御上陸礮(砲)台御巡見、同日御出帆、廿九日豆州下田江御入港、同所ニ而御越年、正月二日同所御出帆、同国子浦江御入港、四日子浦御出帆、同日志州的屋港口御潤懸五日御出港と申、又紀州由良ニ御入港と見申候、何か是なるか詳にせず、御供船も別々ニ相成、兵庫入港日を同にせさる由ニ御座候、御座船ハ八日浪速へ御入港、大樹公十四日大坂御城御発輿、十五日京師二條江御入城之由、御座船十四日ニ兵庫江来り碇泊す、兵庫碇泊之蒸気船等御供船之外越前侯之蒸気船黒龍丸二梔内車御先御用ニ而数度航海いたし候由、長崎奉行管轄の蒸気船長崎丸三本柱内車、薩州のセーラセン当時安彦丸三梔内車御借上の船之内ニ而第一ニ品川へ着船仕御先御用江被仰付侯得共、御断申上侯由風聞御座侯、健順丸三梔帆前船箱館鎮台の管轄久しく此ニ碇泊仕居申候由、御上洛御用関系(係)無御座由承り申候、土州侯の上海丸三梔帆内車の蒸気船、此度御借上被仰付侯得共、容堂公御上洛御供被仰付其上船借上被仰付候而ハ御請難仕、容堂公御供御免

容堂公は土佐藩主山内豊信《とよしげ》。当時は参与として朝議に参加していた。

被仰付候ハヽ、船御借上御請可仕旨申立御断申候由、只今兵庫ニ碇泊仕居申候得共容堂公を浪速江護送し、此に泊し居申候故中黒小幟を上げず自国のフラフを用ひ居申候

一　兵庫西方和田崎幷東方川崎村ニ御台場出来、此ころ普請家中ニ御座候、且神戸《カウベ》村東ノ町端れ海辺ニおゐて御軍艦操練所出来、右御奉行並勝麟太郎殿主附此ニ而航海術開き御図之由ニ而、勝之門人等数人致寄宿居候、造船場も追々出来候由御座候

一　天保山台場者出来成就、鴻池新田の方ニも礟(砲)台出来と申事ニ御座候、大坂御城南空地ニ周囲四丁四方程之講武所出来候事

一　同十八日薩の安彦丸出帆、日数十五日之御暇願、自国江参り候

一　同日芸州様蒸気船震天丸兵庫江入港、航海中蒸気器械を損傷せし由ニ付、修覆の為メ引舟ニ而神戸江行申候

一　南部様の広運丸廿二日兵庫江入港、此船的屋ニ御船碇泊中下田を捲、御舟に先たち候得共、紀州沖にて風なきを以、御船に九日後れ入港仕候ニ付、蒸気と帆前との違ひ是を以知るへし

一　千秋丸・千代田形の様子不相知ニ付、廿七日朝黒龍丸を遣され候と申由、則出帆いたし候、然共千秋丸ハ前夜已ニ入港いたし候

一　二月四日朝陽丸出帆、江戸江行、翔鶴丸・蟠龍丸・長崎丸各砲を発し之を祝す
一　早春浪士牧方辺ニ屯し、飛脚の書状を奪候由、去ども御上洛前ゟ幕府之吏、厳く往来人黙検致候付、此事止候由
一　長州山口郡ニおいて海上五里隔、新ニ城を築き候よし
一　同国僧家隊・忠義隊三十万餘、町兵隊・農兵隊三十万騎兵隊出来、歳十五ゟ五十ヲ限申候由
一　小倉領田ノ浦ニおゐて、正親町少将巡視之上、礮(砲)砲台を築き成ルニ及んで、長州ゟ人を遣ハし、之を守らしむ、今小倉ニ返せし由
一　長州の軍艦弐艘去夏、外夷の為メ打沈められしもの共被浮候由、其一ニ庚申丸ニ松嶋幸蔵と申者棟取ニ相成候よし
一　薩州の蒸気船極月廿一日兵庫出帆、同廿四日夜下ノ関ヲ過き候処、陸の礮(砲)台より砲発いたし船沈没、士官等弐拾人斗溺死、餘ハ小倉領江竄走せし由、一説ニハ免死者纔《わずか》十六人と申候、此一事ハ実説之様ニ御座候、薩船所積綿千五百本、油大豆若干之由
一　薩の士人周防の商船三艘を雇、綿・油を積、正月七日兵庫出帆下関ニ至ル、長人薩の士官を殺し船頭を磔尓(に)し、船を焼申候、内壱隻兵庫へ遁れ帰り候由、風説御座候得共、薩の互市を悪(たくら)ミ候而如此と申事、尤取留めぬ説御座候、正月廿五日承

田ノ浦は企救《きく》半島の先端、早鞆の瀬戸の入り口付近に位置する。

極月は旧暦の十二月、師走。

之

一 薩の嶋津三郎殿叙爵侍従ニ拝せられ大隅守ニ改

一 八日健順丸出帆、香港江参り候由ニ御座候

一 十四日阿州侯の蒸気船乾元丸、姫路侯之帆前船入港

一 大樹公正月廿一日、廿六日、二月四日御参内御座候よし

一 十四日御軍艦御奉行勝麟太郎殿と鑒察、長崎丸ニ乗り出帆、崎陽江行カル丶、英仏長州ニ来寇セント欲シ幕府告知ス故ニ遣サル丶由、一説英仏ノ軍艦已ニ崎陽ニ至ル、勝君崎陽へ行クニ長州ノ乱妨ヲ慮り、豊前中津ヨリ上陸、下関ヲ過キズト云

一 朝陽丸、蟠龍丸、順動丸、翔鶴丸　四艘ニ而

二月七日　三月六日　大炮火入調練之事

但　昼九時ゟ十一時迠雨天日送り

二月十八日　三月十七日　和田三崎辺陸地火入調練之事

但　正午ゟ午後二時迠雨天日送り

正月廿六日　二月四日　同十一日　同十八日　同廿五日　三月三日

三月十日　同十七日　同　同廿四日　船中小銃調練

但　九時ゟ十一時迠　右之通り

嶋津三郎は薩摩藩の実権を握っていた島津久光。

正月

一　二月十六日晴暁、姫路帆前船出帆、同十七日晴朝、芸州之蒸気船引船を以出帆、廿日朝観光丸運用ヲ試、浪速江行ク、同廿三日朝兵庫江帰港、君沢形スクー子ル三隻入港、神戸ニ泊スル所ノ八雲丸運動、和田崎ニ行キ帰来テ兵庫ニ碇泊ス

一　同日於大坂、横浜商人伊勢屋平兵衛与申者浪速会所町ニ而殺害セラレ、首ハ竹ニ貫キ大和橋ニ梟シ、罪状ヲ以テ半紙ニ調相添有之、別ニ難波橋ニも罪状を張出シ有之

一　廿六日朝六ツ半時前、翔鶴丸火焼室失火、幸ニして撲滅スル事ヲ得タリ、四時頃千代田形一番丸入港

一　昨廿五日君沢形壱艘出港、廿八日風雨錨ヲ加フ、夜四ツ時止

一　廿九日朝、土州上海丸出港、天保山沖ニ二日斗碇泊、容堂公御乗船ニテ御帰国之由

一　三月二日昼後、朝陽丸入港

一　同五日、福山ノセールシキップ和田崎ノ方より浪速へ向テ颿行ク

一　同六日朝、阿州侯ノケンゲン丸出帆

一　八日朝、黒龍丸出帆、此船越前ゟ幕府江献上相成ル由、明九日兵庫七ノ宮祭礼ニ因テ諸船明日ノ上陸ヲ禁スル号令出ル

一　九日雲州ノ八雲丸出港、国ニ帰ル、一説讃州多度津へ修覆ニ行トモ云

一　十一日夕、八半時過黒龍丸沖ヲ颿行ク

一　十三日、豊嶋形帆前船入港、此船三本柱ニ而桁及帆ハ日本商船之通拵へ総階子無御座、日本船と異船とを折衷して作り候船ニ御座候故俗ニあいの子船と申候、御勘定奉行支配之由

一　十五日朝四時前、薩州之安彦丸入港、同日夜四時出港

一　十八日朝五ツ時頃、黒龍丸入港、有馬侯拝借ニ付、釘貫ノフラフ（旗）ヲ揚ク、同日朝五ツ半時頃有馬侯ノ蒸気船入港、同日夜六半時頃出帆、又帰テ神戸ニ碇泊ス

一　十九日朝四ツ時、安彦丸浪速ノ方ゟ来り碇泊ス

一　廿日、豊嶋形船出港

一　廿一日、御軍艦奉行並木下謹吾殿、同棟取肥田浜五郎、同取調組頭野口栄次郎、同取調下役飯塚廉作諸船巡視、御船も見分

一　廿二日、木下殿翔鶴丸江御乗込、四ツ半時頃、兵庫出港、同日久留米之蒸気船浪速より来り投錨、八半時頃出帆、浪速江行ク、この日豊嶋形帰港

一　廿三日朝、観光丸運転浪速江行く、夜四時頃、雨東風烈シ

一　廿四日六半時頃、港内波浪頗高く雨甚、筑前之大鵬丸浪速へ行、御用として直ニ江戸江参候由、此夜箱館丸入港

釘貫は家紋の図柄の一種。

木下謹吾は、文久二年十二月、軍艦操練所棟取出役から棟取となり、同年七月より、軍艦奉行となる。のち、外国奉行、大目付となる。

肥田《ひだ》浜五郎は、安政三年、第二回海軍伝授生に選抜され、長崎留学し、蒸気機関を学ぶ。万延元年、咸臨丸機関方として活躍、千代田丸製造に際し、機関を担当。

一　廿五日昼八半時頃、卍の帆印の船二十艘斗《ばかり》和田ヶ崎之方より神戸村へ入ル、其中吹貫《吹き抜き》抔建たる船も御座候、阿州侯御上京ニ御座候由

一　廿六日晴、此日夕七ツ時頃、観光丸帰港

一　廿八日、先達而入港せし箱館丸江戸ゟ新吹の四文銭ヲ積来、此日千貫目三十石積船ニ積替、難華江運送する図りニ而八百貫目積入候処、船底抜ケ銭海底へ沈ミ申候、併《しかし》追々テンカギを以、上ケ申候、逐日《ちくじつ》《毎日の意》小屋懸之内ニ大勢ニ而、鋳銭繋替居申候

一　四月朔日夜ニ入、大坂ニ當て失火、後ニ承り候得ハ大坂嶋の内、五六拾軒類焼之由ニ御座候

一　五日雨、此日箱館丸神戸江行

一　六日、筑前若殿下野守殿京師ゟ御帰兵庫御泊

一　十一日、御船リング出来ニ付、運転ヲ試ントス、蒸気器械クコイフスタンダ昇降悪敷を以て止む、重テ修覆ニ取懸ル、此日黒龍丸出港、浪花江行ク、宇和島侯拝借之由

一　十二日暁、薩之安彦丸出港、同姫路船数艘神戸江入ル

一　十三日朝、蟠龍丸出帆浪速江行、同日長崎丸浪花より来泊ス

一　十四日朝。蒸気船弐艘播州洋江颿行、蟠龍丸・黒龍丸歟不詳

一　十五日薩州之二梔外車蒸気船昨夜入港、此日朝出帆浪速江行姫路二梔帆前船入港、
此日君沢形一隻入港
春来も於下之関、異船形通行之節異変有之ニ付、京都詰御留守居ゟ長州侯江
問合返書等写

上書　　御留守居御中様　　　　乃美織江

御手紙難有拝見仕候、如仰暖気之節御座候処、弥御安全被成御勤仕珍重奉賀候、
然者其許様御所持之蒸気船壱艘江戸表より御国許江御帰帆之節、此方領海御通行
之趣委曲承知仕候、然処異国船形之船領海通航之儀、就而者先達而国許より別紙
之通　天朝幕府江願出候間、総而此御振合を以、御通船相成候ハヾ、定而可及応
接候間、右様御承知可被成下候、右御答迠如斯御座候　以上

四月朔日

尚々御通船之趣を以、後便次第国許江早速申越候間承知可被成下候、以上
大膳大夫領内長州国赤馬関ニおゐて、外夷と戦闘之次第連ニ申上候通御座候
所、当春ハ外夷者同所江襲来可仕趣、新聞紙流布ニ付、同所出張之家来江も
手当向キ一入厳重ニ相心得候様申付置候間、異国形之船同所通行候ハヾ、是
迠之振合を以、前広通達も可有之候得共猶又為念、一応遠沖江碇泊いたし

乃美織江は長州藩家老。元治の変の頃、京都の長州藩の駐屯所であった天龍寺に詰め活躍した。

前広は「かねてより」「前もって」の意味。

出張之家来江及応接候上、通行相成候様、尤夜中之儀者船印見定不相成ニ付、繋船翌日通行候様ニ御沙汰被仰付置被下候様仕度奉存候、此段奉願候様ニと国元ゟ申付越候　以上

一　同十七日
東照宮御忌日ナルヲ以テ兵庫碇泊ノ諸船毎桅日の丸・国号ヲ揚、許多《あまた》のシグナルフラフ」ヲ揚ク、只順動丸ノミ金ノ御紋付ノ三徽号ヲ桅上揚たり、正午朝陽丸・千秋丸・長崎丸・観光丸及ひ我藩の発機船皆祝砲ヲ発ス、各船二十一発○九ツ半時、朝陽丸出航、暮頃ニ及て順動丸出港、大坂江去ル、右ハ細川越中守殿御舎弟良之助殿京師より御帰国ニ付、蒸気船弐艘拝借、朝陽丸ハ長岡君御帰着之上、直《すぐ》様《さま》帰帆、順動丸ハ熊本藩士航海研究ノ為メ、暫《しばら》ク彼所ニ止り候由

一　同十八日夜五ツ時前順動・長陽共入港、日未没時遥に二艘大坂ゟ来ルヲ見ルニ、順動ハ長陽ニ後ル、事一里斗、入港ニ及ンテ順動反テ朝陽ニ先ツ、駛行事速ナルヲ以テ也、同時筑前大鵬丸入津

一　同十九日明方、朝陽丸出港、豊前ニ行ク、同五ツ時頃、順動丸亦出港して豊前ニ向フ、同夕方蟠龍丸入津

一　同廿一日、薩州蒸気船三艘大坂ゟ播磨洋江駛行ク、嶋津大隅守殿京師ゟ帰国ナリ

一　同廿二日夜九時前、黒龍丸入港

一　同廿三日朝五ツ時過より雨
一　四月廿四日夕、翔鶴丸・長陽丸入港、同夜風雨波浪頗ル騰揚増錨斜桁
一　同廿五日朝五半時過、観光丸出港、無程《ほどなく》大鵬丸出港共ニ浪花へ去ル夕七時前、長崎丸浪華へ去ル
一　同廿六日夕、小雨夜半ニ至り雨甚
一　同廿七日夕七ツ時、観光丸・大鵬丸入津、暮頃長崎丸入津、夜雨
一　同廿八日雨、明方観光丸出港、無程大鵬丸出港、二隻久留米侯拝借之由、去共廿一日蒸気船一艘大坂ゟ播州を指、颿行もの有り久留米の船なるべしと云へり、後発機船天保山ニ碇泊せしとき久留米の藩士来リテ曰、敝邑ノ蒸気船島津大隅守殿帰国ノ時借り去ル、其後消息無シト語ル、且観光丸・大鵬丸二隻とも久留米のフラフを揚ゲズ、君侯ハ何之船ニ御乗込候哉不詳、三十日昼兵庫出帆、昼頃風稍烈シ、同夕方益烈シ、錨ヲ増ス
一　五月朔日、若年寄稲葉兵部少輔殿長崎丸ニ御乗込、海岸御巡視、三十日昼兵庫出帆、諸船祝砲を発ス
一　同二日暁八半時過ゟ雨、同朝長崎丸帰港
一　同四日御船、蒸気機械修覆出来ニ付、運用為試、朝五ツ時前ゟ焚付、五半時頃抜錨、東ハ灘海、西ハ須磨辺ニ至ル、四ツ時前船ヲ廻し四半時頃帰港、蒸気工合宜

若年寄稲葉は安房館山藩主稲葉正巳である。元治元年九月までその職にあった。家茂の上洛に随行していた。

ク相成ル

一　同五日快晴、諸船フラフヲ晒ス、同日朝黒龍丸入港

一　同六日九ツ半時頃、黒龍丸出港、但総裁職松平大和守殿御乗組、大坂ゟ江戸江御用ニ而御越也、諸船祝砲ヲ発ス、同日御船昼九ツ時焚付、九半時頃出港、八半時頃天保山沖江着投錨、鯉魚門・観光此ニ泊ス

一　五月七日雨朝五ツ時過、鯉魚門抜錨、同八半時過観光抜錨兵庫ニ去ル、此日将軍様京師ゟ　御下坂被為　在候

一　同八日、天保山碇泊、無事大坂ゟ御入用金受取来ル

一　同九日、快晴昼四ツ時過焚付、同刻粮米六拾石積込四ツ半時過抜錨、八ツ時頃、兵庫港江入ル、且天保山沖迠為運用罷越候、以前同所碇泊中直ニ江戸表等江之御用茂可有之哉難斗《はかりがたき》ニ付、食料等積込品不差支様可致用意旨ニ而、罷越候得共、先御用茂無之候間、兵庫江立戻候様御差図

一　同十日暁七ツ時過焚付、明方抜錨、大坂江去リ、夕方帰港水師提督勝君来ル大樹公明日此ニ来リ礮《(砲)》台ヲ巡視スル事ヲ諸船ニ布告ス

一　同十一日朝早く長陽丸出港、五ツ時頃鯉魚門・長崎出港共ニ浪華ニ至り大樹公ヲ迎フ、今朝勝君鯉魚門ニ移ル、四ツ時前雨、昼九ツ半時ニ至り遥ニ鯉魚門浪華ヨリ来ルヲ見ル、継テ長崎、長陽ヲ見ル、八ツ時過ぎ皆入港ス、則鯉魚門

総裁職松平大和守は川越藩主松平直《なお》克《かつ》。文久三年十月から翌元治元年六月までその任に当たった。父は久留米藩主有馬頼徳。将軍家茂の上洛に随行、その後、攘夷の勅旨をうけて帰京し、横浜鎖港を献策した。

ニ　御乗船ナリ翔鶴丸ニハ紅旗ヲ揚ケ緒船ヲ〆祝砲ヲ放タシム、諸船許諾ノ旗ヲ揚ケ同ク砲ヲ放ツ、各三十三発、此日
大樹公杉小船ニ乗シ上陸、川崎ノ礮《砲》台ヲ覧ル、勝君楫ヲ操ス既ニ〆舶ニ帰ル

一　同十二日暁七半時過、長陽丸、泉州ニ向ヒ去ル、六ツ時過鯉魚門・長崎抜錨、播磨洋ニ向ヒ颿去ル、蓋シ
大君舞子浜礮《砲》台ヲ覧ル也、夕七時過三船皆至自泉州、此日大君宿左界、明日入浪華城云、夕方雨

一　同十三日昼九ツ時過、千秋丸抜錨、将至浪速《まさに浪速へ至らんも》、逆風ヲ以テ遂ニ港ヲ出ル事ヲ得ス、復投錨、八半時頃、観光、七時前広運丸出帆、継テ千秋丸出帆、皆浪速江去ル、同日翔鶴丸・朝陽丸之頭取より明十四日諸船天保山沖ニ会スヘキ旨廻章ヲ以テ布告ス

一　同十四日朝、諸船追々焚付、朝五時頃蟠龍丸錨ヲ抜キ去ル、五半時頃発機丸焚付、四時前長崎丸千代田形ヲ牽テ去ル、四ツ時頃発機丸出港、無程《ほどなく》諸帆張ル、暫時ニ而又帆ヲ収ム、四半時過、天保山沖ニ近ツク千秋丸昨日風悪キヲ以テ此ニ達スル事ヲ得ス、木津川口ニ投錨ス蟠龍丸ノ吏来リテ発機丸ヲシテ牽キ来ラシム故ニ針ヲ東南ニ転ス、千秋丸ヲ隔ツル事半里計《ばかり》海ノ浅深ヲ測ルニ、三ヒロニ過キズ、

乃チ「スループ」ヲ卸シ浅深ヲ測リ千秋丸ニ至ル、偶《しばし》潮退キ彼船沙ニ門ス依テ船ヲ返シ九ツ半時前、天保山ニ達シ錨ヲ下ス、翔鶴・大鵬已ニ来リ泊ス、夕八半時過朝陽来ル、暮前鯉魚門来ル

一　同十五日夕八半時前千秋丸来ル

一　同十六日暁八ツ時ゟ雨、五半時過、我藩蒸気船焚付、四ツ時過蒸気度ニ上ル、四ツ半時過、黒龍丸江戸ゟ至ル、八半時前雨収ル風波頗高シ八半時頃大樹公翔鶴丸ニ御乗込、七時頃、諸船同ク錨ヲ抜ク、翔鶴駠行最速ナリ、次ハ長崎、次ハ大鵬、其余皆三隻ノ速ニ及バス、黒龍モ亦同時錨ヲ抜キ兵庫江去ル、我藩ノ船七ツ半時過、スタフセール、ストルムホックセール、「ヘサンバルクセールヲ張ル、無程マルセール、ホックセール」ヲ収ム、同時ロフ四里三分之二、方位西南、夕方前泉州岸和田ヲ過ク、此時我藩ノ舶朝陽ニ先ツ、須臾《すゆ　しばらくの意》ニ〆蒸気器械油乾キ火ヲ生ス、運転ヲ止メ水ヲ灌キ、熄滅スルヲ得タリ、鯉魚門最後ニ発ス、此ニ至テ我藩ノ舶ニ先ツ、夕ニ至テ翔鶴纔ニ一縷ノ烟ヲ見ルノミ、我藩ノ舶蟠龍ニ先ツ、夜四半時、針午ニ転シ同時紀淡ノ海峡ヲ出ツ、四半時前バルクセール皆用ユ、四半時之レヲ収ム、九ツ時過、ホックセル、ベサンバルクセールヲ張ル、同十七日暁八半時前、日野岬ヲ過ク、八時頃ストロムホックセール、マルセール、スタフセール」ヲ張ル、紀州由良沖ヲ過ク、朝五時前須左美港沖ヲ過ク、五時過順動

丸ノ飄セ来ルニ逢、順動ハ先キニ肥後侯拝借長崎ニ在り大君還御ニ付、脚夫ヲ遣シテ攝海江還ラシムト聞ク、若《もし》ゲンカイ洋ヲ過キ来ラハ播磨洋ヲ経、攝海江達スベシ、今此ニテ逢フ者ハ四国ノ南ヲ過キ来ルカ詳ナラズ、此時前遥カニ鯉魚門・長陽飄行クヲ見、更ニ煤炭ノ烟ヲ見テ船形辨ス可カラサル者ナリ、蓋シ長崎・大鵬ナルヘシ、後へ蟠龍ノ遥カニ後レ来ルヲ見ル、又一縷ノ煤烟ヲ見ル時ニ何レノ船ナル事ヲ審ニセス、四ツ時マルセール・ホックセールヲ収ム、四ツ半時大島港へ入ル、長崎丸已ニ錨ヲ下メ此ニ在リ、同時過我藩舶錨ヲ投ス、九ツ時翔鶴丸来リテ錨ヲ下ス、諸船天保山ヲ発スル蒸気船八隻ヲ以テ二隊トナシ、翔鶴・長崎・大鵬・発機を一隊トシ右長崎等ノ三船ヲメ翔鶴ト相先後シ、甚隔絶スル事勿ラシム。先ツ由良へ入リ翔鶴此ニ在ラザレバ大島ヲ過亦翔鶴ヲ見ズンハ浦賀ニ達セシム、其他ノ四船ハ直ニ浦賀ニ至リ諸船ノ会スルヲ待タシム、已ニメ翔鶴飄行メ極メテ速カニ諸船皆遥カニ後ル丶ヲ以テ由良ニ入ラスメ直チニ大島ニ至ル、翔鶴前夜由良ノ並地加田ニ一泊セシ故ニ長崎・発機ニ後レテ此ニ来ル、朝一縷ノ煤烟ヲ後へニ見ルハ即是也既ニメ　大君大嶋相対スル地ツ丶キクシ本へ　御上陸アリ。我藩舶ノ乗員皆大島へ上陸、浴湯結髪ス、七ツ時頃大君船ニ御帰リ、七時過三船皆焚付、夕七半時出港、長崎先ツ発ス、我藩ノ舶之レニ次ク、翔鶴最後港ヲ離ル丶頃、我藩ノ舶ニ先ツ、唯大鵬ノミ直チニ遠州洋へ颿行セシト覚シクテ此ニ在ラス、其故ヲ詳ニセス、同夜五ツ時頃翔鶴丸浦上港江入ル、我船モ継テ入、翔鶴已ニ錨ヲ下ス、我船至ルニ及ンテ「ランタール」ヲ挙ル、依テ錨ヲ投シ、調役田上翔鶴へ往、何時出港差支無之旨就差図、即刻焚付同夜四ツ時過、浦上港ヲ出ル

同十八日昼八ツ時前、大山ヲ真北ニ見ル、八半時志州ナツキ沖ニメ翔鶴我船ヲ越艇過ク、同七半時前同鳥羽ヲ越ル同時大山亀山ト並ふ

同十九日暁六ツ時過、御前崎ヲ北ニ見ル、五時過異国ノ帆前船颿ル、九半時前伊豆下田ヲ過ク、佛ノ三桅蒸気船一艘横根嶋之外ヲ颿ス、七ツ時房州洲ノ崎ヲ丑寅ニ見ル、暮頃浦賀三岬ヲ丑ニ見ル、同時伊豆ノ大嶋ヲ越ル、夜九ツ時相州浦賀港投錨ス朝陽丸ニ「ランタール」ヲ挙ル、我船ニモ同シク挙ル、九ツ半時前諸船ニ先立ツテ港ヲ出ツ、我船ケートル損シ器械工合悪敷ニ付諸船後ゟ皆先江颿行ク

同廿日朝五ツ時過、品川江投錨、翔鶴等諸船追々六ツ時頃ゟ入港

大君川船ニ御乗組浜之　御殿江被為　成、　御城御普請中ニ付、清水御屋形江被為　入、十六日天保山沖出帆ゟ同廿日品川江御着船迠天気宜波風不立、海上平穏最上之御都合宜敷御座候、我船之乗組人無程上陸交名等左之通

大坂ゟ御供ニ而我船江乗組之奥諸衆

伊庭軍兵衛　　勝　與八郎　　杉浦藤馬　　中根芳三郎

浦上港は紀伊半島東岸、耳ノ鼻付近。

平岩為三郎　山本太左衛門　大久保九郎兵衛　仲沢三左衛門
中根俊左衛門　井戸金平　竹内新五郎　間宮鉄次郎
加藤権三郎　榊原畝十郎　古川房十郎　長崎熊之丞
加藤精一郎　近藤惣一郎　石渡彦太夫　広戸半左衛門
嶋田六之助　井口治右衛門　川口庄兵衛　羽田彦太郎
森川新太郎　松崎伝七郎　服部桂次郎　桂山鋳七郎
松倉九市郎　河野四郎兵衛　青柳権次　勝屋幸次郎
長田駒太郎　鈴木多宮　萩原鉄之進　安藤並蔵
河村六三郎　山田秀之丞　曽我七兵衛　伴　銀之助
諸組与力格奥向御鉄砲職 井沢立輔　御目付 建部徳次郎　御徒目付 畑　藤三郎　御小人目付 大橋卯之吉

都合四拾四人　外ニ公義衆ゟ自分頼乗込　赤松満次郎家来
浅井徳三郎

一　廿一日、士官幷水夫共休泊所・講武所近辺上柳原町芸州廻船宿広嶋屋平右衛門方ニ極候得共、御船ゟ手寄悪敷ニ付、品川阿波屋安兵衛ゟも附船有之

一　折返御用も有之、廿三日ゟケートル等御修覆取懸、廿八日出来三日頃迠ニミ子し（ママ）乾可申旨ニ付、四日ニ品川出帆ニ治定、然処大目付菊地伊予守殿上下三十人斗乗

組候筈ニ候得共重而長崎丸へ乗組ニ相成、御船江ハ左之積物ニ相成ル

一　四両　三台付大砲車　一　八箱　合薬箱　一　壱箇　莚包（引縄等入）

一　壱棹　長持　一　五百表　石炭

一　同廿八日、箱館丸入港　同廿九日昼頃、大鵬丸出港大坂江行、同晦日昼八ツ時過、翔鶴丸出帆大坂江行

一　品川港内御船着前より碇泊之船朝日丸・昇平丸・太平丸其外セールシキップ君沢形豊嶋形・酒井侯之船等五艘太平丸ハ大損ニ而御用立不申由、此節品川ニ者滞留之異人無之、御殿山異人館之方松平下総守殿御陣屋ニ御渡ニ相成、右陣屋前御台場追々御築立ニ御座候

一　六月朔日朝、観光丸出帆、同二日四時前、朝陽丸出帆、夜雨降、同三日昼八時半時過、千秋丸入港、同時ゟ雨晴ル、同四日広運丸入港、同日朝、我舶大坂江出帆之処、波高ニ而見合、同五日朝、蟠龍丸抜錨、我舶朝六半時過焚付、五半時前頃出帆、四時前横浜ニ対ス、遠望鏡ニ而見ルニ異船数十艘斗リニー舶位之大軍艦十艘斗モ見へる、四時過蒸気運転止ム、幾機ヲ復シ又運転ス、四半時過、観音岬ヲ颿過ク、九時過浦賀港江投錨、同日七時頃、アメリカ帆前船入港、七時過姫路ノ帆前船、蘭ノセールシキップ入港、夜四時蟠龍丸入港、此日異船四艘沖ヲ颿過ク、家数千軒斗、東西浦賀ニ分ツ船之出入ヲ改ル番所アリ山ノ手ニ鎮台館、夫ゟ西ニ

御台場弐十四斤以上ノ礮《（砲）》拾弐挺ヲ並フ、當港江碇泊ノ商船数百艘士官宿掛塚屋権七東ノ方新地与申候、妓楼家数五軒而已ニ而外、料理店等遊所無之、小一里山ノ手ニ観音岬ニ弐軒之料理店有之、岩を穿《（うがち）》魚ヲ貯有之よし、五日より十日迠ケイトル修覆ニ付、閑暇之内　公儀ゟ乗組鉉木氏鎌倉、江ノ嶋見物して七日・八日両日遊覧被相越候ニ付、共ニ夢中之慰ニ加リ、鶴ケ岡八幡ゟ江ノ嶋弁天迠一拝いたし候、當港造船場アリ、春来咸臨丸ヲドックニ懸、修覆来年ノ五・六月迠ニ出来之由

同八日姫路之帆前船ニ艘共出帆、十日朝蟠龍丸出港

本史料の末尾には、以下のようなメモと図が記載されている。

心覚

懐中筆代リヲ　ボットロウド
甲板上ヲ　デッキ
上甲板上ヲ　ヲツブデッキ
舩上ミヲ　ホール
同下モヲ　アクトル
カジヲ　ルー

イカリヲ　アンコロ
クサリヲ　ケツチン
上帆柱ヲ　ホッキマスト
下同ヲ　ビシヤンマスト
水夫小頭ヲ　ボーシマン
水夫ヲ　マトロス

蒸気方ヲ　ストックリ
船将ヲ　コンマンダント
士官ヲ　オヒシル
上官　カビタン
測量方ヲ　スチウルマン

蒸気ヲ　マス子
子ジヲ　スコロフ

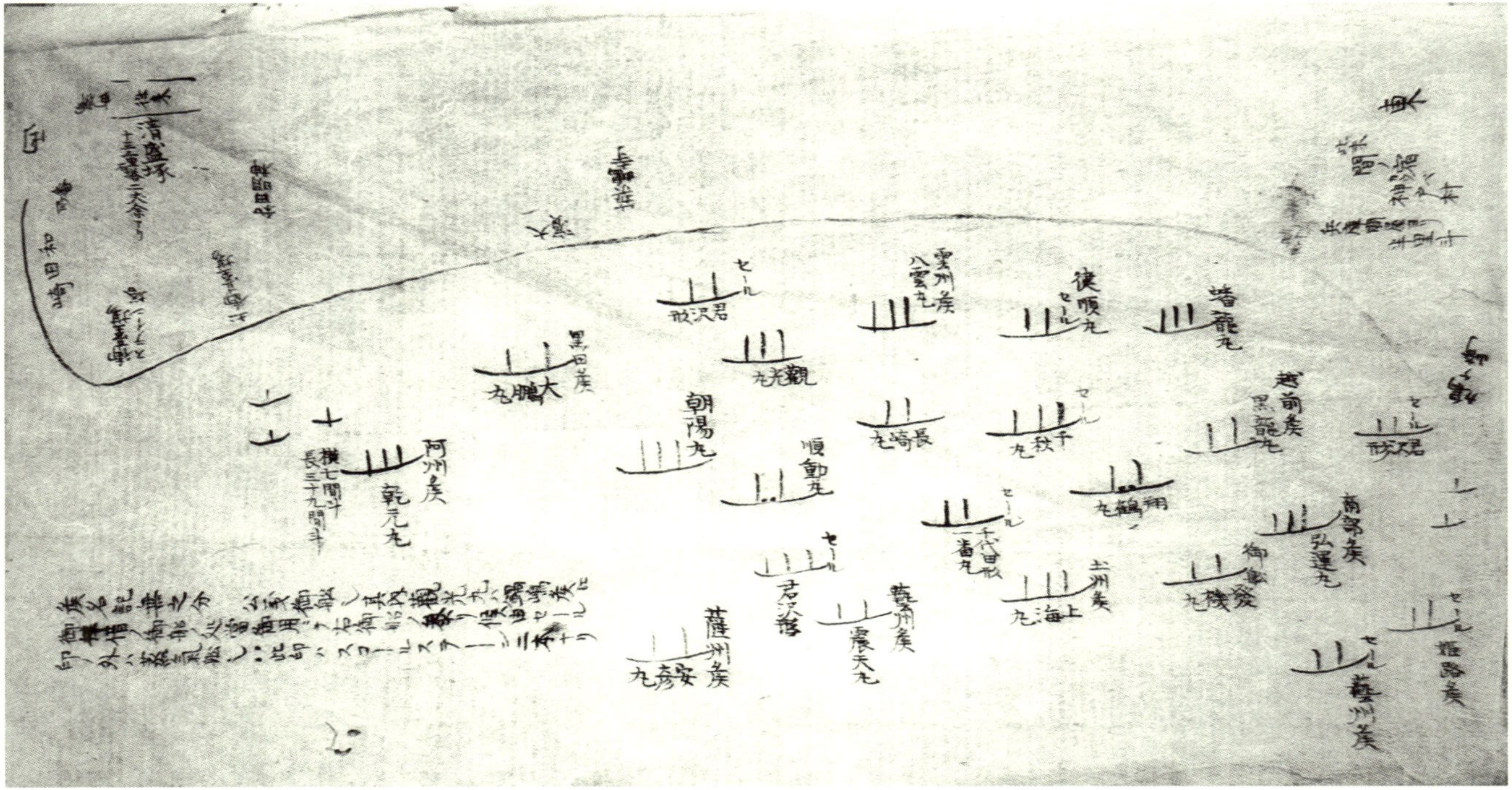

東
西
和田崎
阿州侯
乾元丸
朝陽丸
順動丸
観光丸
大鵬丸
長崎丸
千秋丸
翔鶴丸
蟠龍丸
徳順丸
八雲丸
雲州侯
越前侯
黒龍丸
南部侯
弘運丸
薩州侯
安彦丸
藝州侯
震天丸
君沢形
上海丸
土州侯
発機丸
姫路侯
セール

発機丸関係略年表

年月		事項
一八五四（安政元年）	1・16	岡田雄次郎ら加賀藩兵がペリーの再来に備え、芝増上寺に駐屯する
	1・16	ペリーが浦賀に再来する
	閏7・6	懸津屋権七に製作依頼していた軍艦の模型が届く、8・1 模型を藩士に供覧する
一八五五（安政二年）	5・8	有沢沢右衛門ら十数名が横浜で薩摩藩の昇平丸を見学する
	8・25	幕府がオランダ国王から寄贈されたスーンビング号（観光丸）を受領する
	10・24	長崎海軍伝授所が始業する
	12	浅津富之助が江戸にて留学する
一八五六（安政三年）	7・3	アメリカ総領事ハリスが着任する
一八五七（安政四年）	3・16	火矢方役所を壮猶館に合併する
	4・11	江戸築地の講武所内に軍艦操練所を開設。（はじめ軍艦教授所、軍艦操練教授所という）
	8	岡田助右衛門が軍艦建造を建議する
	11・1	幕府がアメリカの国書の和訳を諸大名に示す
	11・18	佐野鼎が加賀藩に召し抱えられる
一八五八（安政五年）	4・23	井伊直弼が大老に就任する
	6・15	日米修好条約が締結される

一八五九（安政六年）	6	幕府が諸藩に江戸軍艦操練所への入学を勧める
	10	嵯峨寿安が村田蔵六の鳩居堂に入塾する
一八六〇（万延元年）	1・23	遣米使節を乗せポーハタン号が横浜を出港する。藩士佐野鼎が参加し出発する
	3・3	桜田門外の変で井伊大老が暗殺される
	閏3・25	遣米使節がワシントンに到着する
	4・27	佐野鼎らがフィアデルフィアのチェスクラブで将棋のエキジビションを行う
	4・28	遣米使節がニューヨークに到着する
	5・7	佐野鼎が「ニューヨーク・タイムス」で紹介される
	9・28	遣米使節が品川に帰着する。参加した佐野鼎が帰国する
一八六一（文久元年）	2・5	アメリカから帰国した佐野鼎が藩から賞賜される
	5・28	水戸浪士が高輪東禅寺のイギリス公使館を襲撃する
	12・22	遣欧使節が品川を出港する。藩士佐野鼎が参加し出発する
一八六二（文久二年）	1・15	坂下門外の変で老中安藤信正が襲われる
	2・11	将軍家茂が和宮と結婚する
	2	七尾軍艦所が設けられる
	3	岡田雄次郎が壮猶館の航海学生棟取を拝命する
	6・11	藩主斉泰が軍艦の保有に関して審議を命ずる
	8・15	アーネスト・サトウが横浜に着する
	8・21	生麦事件が起きる

	9・13	藩が江戸軍艦操練所への入学する者を募る
	12・9	遣欧使節が帰国する。参加した佐野鼎が帰国する
	12・26	加賀藩が横浜にてイギリスから汽走帆船を買い入れ、発機丸と名づける
	12	佐野鼎が軍艦奉行補佐となる
一八六三（文久三年）	1・8	佐野、関沢らが発機丸を受け取るために金沢から横浜へ出発する
	1	佐野鼎御軍艦乗込船将次官測量方等棟取役となる
	1	浅津富之助が江戸軍艦操練所に入学する
	2	壮猶館で航海、測量学の稽古志願者を募る
	3・4	将軍家茂が二条城に入城する
	3・17	宮腰（金石）沖に発機丸着、波が高く入津出来ず
	3・19	発機丸が宮腰（金石）に入津、数万人が見物する。3・20も同様
	4・20	将軍家茂が5月10日を攘夷の期限とすることを奉答する
	5・10	長州藩が外国船を砲撃する
	5・21	藩主斉泰、世嗣慶寧、伏木港で発機丸を視察する
	6・16	将軍家茂が海路江戸に帰る
	7・2	薩英戦争が起きる
	8・18	政変で、三条実美ら七卿西下する
	11・6	将軍家茂の上洛を軍艦で供奉することを命じられる
	12・2	発機丸、供奉の任に当たるため品川沖を目指し七尾から出港する
	12・4	発機丸が強力な風と波でマスト、蒸気機関故障し船川港停泊する
	12・14	発機丸が船川港出港する

	12・16	発機丸が　箱館港入港停泊する、19日出港する
	12・20	発機丸が鍬ヶ崎港入港、江戸までの水先案内人を雇用する、23日出港する
	12・24	発機丸が古淵港入港する、翌日出港する
	12・27	発機丸が品川沖到着する
	12・28	将軍家茂が海路上洛するために乗った御座船の翔鶴丸などが品川出港する
一八六四（元治元年）	1・5	発機丸が幕府の役人、荷物を乗せ品川出港する
	1・6	発機丸が強風と高波を避け、下田港に停泊する、7日出港する
	1・8	発機丸が志摩半島の的屋港に停泊する、12日出港する
	1・8	御座船の翔鶴丸が浪速港に着船する
	1・13	発機丸が兵庫沖に着船する
	1・14	発機丸から幕府の役人が下船する
	1・15	将軍家茂が二条城に入城する
	3	兵庫沖着船後に発機丸から下船した浅津富之助が壮猶館の英語教師になる
	4・11	発機丸が修理中の蒸気機関のリングが完成し、試運転するも蒸気の圧力が上がらず
	4・17	東照宮御忌日のため、発機丸が他の艦とともに二一発の祝砲を放つ
	5・4	発機丸の蒸気機関の修復が完了し、灘浦から須磨沖を航行する
	5・6	発機丸が兵庫から天保山へ移動し着船する
	5・8	発機丸に藩からの御用金が届けられる
	5・9	発機丸に米六十石を積み込み兵庫に帰る
	5・13	幕府が諸艦に天保山への集結を通告する

	5・14	発機丸が天保山に到着する
	5・16	御座船翔鶴丸が加田港で一泊する
	5・16	発機丸が幕府役人を乗せ諸艦と一斉に天保山を出港する
	5・17	御座船翔鶴丸が紀伊半島南端の串本港に着船、夜出港する
	5・17	発機丸が紀伊半島南端の大島港に着船、夜出港する
	5・20	将軍家茂が帰府する
	5・20	発機丸が品川に到着する
	6・5	京都で池田屋事件が起きる
	6・5	発機丸が幕府の武器などを大坂に運ぶため品川を出港する
	7・4	佐野鼎が壮猶館砲術稽古方惣棟取役に任命される
	7・19	元治の変（禁門の変・蛤御門の変）が起こる
	8・5	四国連合艦隊が下関砲撃を行う
	8・13	幕府が第一次長州征伐を開始する
	11	発機丸が越前藩の要請で征長軍を運ぶために、大坂と豊前鵜浦を往復する
	12・7	発機丸が藩の征長軍を乗せ天保山を出港する　12・14　芸州江波村に到着
	12・24	浅津富之助が江戸軍艦操練所に再入学するため、江戸に向かう溶姫の列に加わり金沢を発す
	12	佐野鼎が天狗党の人々の護送任務のため敦賀に出張する
一八六五（慶応元年）	1	発機丸が征長軍を乗せ、大坂に帰還する
	1	発機丸の艦将であった岡田雄次郎が下船、国許へ帰る
	3・25	発機丸の修理のため金谷与十郎が金沢を発す

	4・7	金谷が兵庫沖の発機丸に乗り込む
	4・10	発機丸が修理のため長崎に向け出発する
	4・12	幕府が長州再征を発令する
	5・2	発機丸が修理のため長崎製鉄所に入る
	閏5・16	イギリス公使ハリー・パークス横浜に着す
	6・13	李百里丸購入の指示を得るべく関沢孝三郎が長崎を発す、七月二日京都に着する
	7・7	上洛中の藩主が李百里丸の買い入れを決定する
	7	藩内の秀才五〇名ほどを洋学修学させるため、七尾港から長崎に派遣する
	7	佐野鼎が天狗党の措置の功により賞される
	10	藩が李百里丸を購入する、沢田直温が同艦の乗組員になる
一八六六（慶応二年）	1・21	坂本竜馬らの周旋で薩長連合なる
	3～4月頃	浅津富之助らが修理のため李百里丸を長崎へ廻航する
	3	佐野鼎が長崎でポルトガル商人と陸蒸気器械買入の約定をする
	6・7	第二次長州征伐が開始される
	7・20	将軍家茂が大坂城で没する
	7	嵯峨寿安が箱館でニコライに師事する
	8・21	幕府が征長の兵を停止する
	8・25	関沢、岡田がロンドン留学するため長崎出港する
	12・5	慶喜が将軍となる
	12・25	孝明天皇が崩御される

一八六七（慶応三年）	1・9	明治天皇が即位する
	1・11	遣欧特使徳川昭武が横浜出港する
	1・23	幕府が第二次長州征伐を停止する
	4	浅津富之助らが修理のため再度李百里丸を長崎へ廻航する
	5・25	兵庫開港を勅許する
	5	岡田雄次郎が来訪したイギリス人の接待主任を務める
	6・18	卯辰山養生所の設置に着手する、十月完成する、田中信吾ら医師たちは大金を寄付する
	7・10	佐野鼎がイギリス公使パークスと会談する
	7・13	アーネスト・サトウらが金沢に到着する
	9	浅津富之助がロンドン留学のため、長崎から出港する
	10・14	将軍慶喜が大政奉還を乞う
	10・24	慶喜が将軍職の辞職を請願する
	12・9	王政復興の大号令が発せられる
一八六八（明治元年）	1・3	鳥羽・伏見の戦いが始まる
	1・7	慶喜追討令が下る
	3・8	安井和介が朝廷から軍防掛を命じられる
	3・14	五箇条の御誓文が発布される
	3・23	安井和介が徴士に任命され、新潟裁判所判事になる
	4・27	政体書が頒布される
	4	岡田雄次郎が京都で中央政府の執政局議事となる

	閏5・12	岡田雄次郎が徴士、刑法官権判事に任命される
	6・27	兵庫にいる加賀藩の軍艦を長州に回して長州兵を越後に送るよう命じられる
	7・19	江戸を東京と改称する
	7	関沢、浅津ら帰国する
	7・21	錫懐丸が柏崎港に入港、軍務を遂行する、23日には佐渡小木港、25日松ヶ崎港に着船する
	8・17	錫懐丸は、新政府から軍用のため、敦賀港に向かうよう要請されたが、故障のため軍務に服することが出来ないと海軍御用を免じてもらう願書を出し、許可され、軍籍をはなれる、以後、商社もちの名義として豪商の木谷らに払い下げられる
	8・19	沢田直温が徴士、越後府権判事に任命される
	9・8	明治と改元し、一世一元制を制定される
	10・18	岡田雄次郎が徴士を免じられ帰藩する
	12・27	岡田雄次郎が参政・公儀人に登用され東京に赴く
一八六九（明治二年）	1・23	薩長土肥の四藩が版籍奉還を奏上する
	4・1	清水誠、岡田丈太郎が横浜を出港し、フランスに向かう
	4・3	佐野鼎、関沢孝三郎、伍堂卓爾らが藩命で渡欧のため、長崎から船出する
	4・28	藩が嵯峨寿安にロシア渡航の許可を与える
	5・13	佐野鼎、関沢孝三郎らが帰国する
	5・18	榎本武揚が投降し、箱館戦争が終結する
	6・17	新政府が版籍奉還を断行する

	8	沢田直温が兵部省兵学校に出仕する
	9・4	大村益次郎が襲撃される、11月5日没する
	9・5	藩治職制の改革で岡田雄次郎は大参事、安井和介は権大参事に抜擢される
	10・2	沢田直温が慶応義塾に入塾する
	11	関沢孝三郎が藩権少属商報掛を拝命、加州兵庫製鉄所の創設任務に当たる
	11	佐野鼎が英語教師オーズボンを招聘する
一八七〇（明治三年）	2・7	佐野鼎が東京詰藩士の総括を命じられる
	2・23	佐野鼎が兵部省に出仕、造兵司権正准席を拝命する
	2	田中信吾が開設された金沢医学館の教師となる
	5	嵯峨寿安が箱館からウラジオストックに渡る
	7・9	浅津富之助が藩権少属、外国教師取扱方となる
	10・2	常備兵員制を制定する
	11・13	徴兵規則を頒布する
一八七一（明治四年）	1	浅津、伍堂が横浜でスロイスを迎える
	3	浅津、伍堂が神戸でデッケン、リトルウッドを迎える
	4・3	リトルウッドが大聖寺で客死する
	4・5	戸籍法を頒布する
	4	錫懐丸が淡路の稲田一族を北海道に送り届ける
	4	岡田雄次郎が新政府の欧米使節団に加わり出発
	4・23	藩が錫懐丸を売却することを決定する
	7・14	廃藩置県が断行される

	7・28	佐野鼎が共立学校を創立する
	8・9	斬髪廃刀を許可する
	11・12	岩倉遣外使節団が横浜を出港する
	11・12	岩倉遣外使節団に加わり前田利嗣、関沢孝三郎、沢田直温らが横浜を出港する
一八七二（明治五年）	1・11	前田利嗣、関沢孝三郎、沢田直温らが本隊から離れロンドンに到着する
	1・13	浅津富之助が兵部省に出仕する
	2・15	田畑永代売買を解禁する
	9・13	品川、横浜間に鉄道が開通する
	9	関沢孝三郎が帰国、十一月万博御用掛となる
	11・9	太陽暦を採用する
一八七三（明治六年）	1	関沢孝三郎が万博御用掛としてウィーンに旅立つ、八月病のため帰国する
	9・13	岩倉遣外使節団が帰国する
	10・25	征韓論に敗れ、西郷、板垣らが下野する
	12	沢田直温、前田利嗣ら旧藩主慶寧の重病で帰国
一八七四（明治七年）	1・12	板垣退助が愛国公党を結成する・4月10日、立志社創設
	6・23	北海道屯田兵制度を創設する
一八七五（明治八年）	2	関沢孝三郎が米国博覧会事務取扱を拝命する
	5・7	千島樺太交換条約を締結する
	5	関沢孝三郎がフィラデルフィア万博準備のため渡米する
	9・20	江華島事件が起きる

一八七六（明治九年）	2・26	日鮮修好条約を調印する
	2	沢田直温が新聞紙条例違反で投獄される、翌10年2月出獄する
	10・24	熊本神風連の乱が起きる
一八七七（明治十年）	2・15	西南戦争おきる、9月24日集結
	6・12	片岡健吉が国会開設建白書を出す
	8	関沢孝三郎が官立農学校校長に任命される
	10・22	佐野鼎がコレラに感染し病没する

主な参考文献

全体を通しての文献

金沢市立玉川図書館、加越能文庫「家乗」（十六・十一―一―一二〇と十六・十一―三―一二〇）
前田育徳会『加賀藩史料』藩末篇上・下巻（広瀬豊作、昭和三十三年）
日置謙『改訂増補加能郷土辞彙』（北國新聞社、昭和四十七年）金沢市文化協会、昭和十七年刊を復刻
金沢市役所『稿本金沢市史』学事編（名著出版、昭和四十八年）、大正～昭和初期刊を復刻
日置謙『石川県史』第二編（石川県図書館協会、昭和四十九年）石川県、昭和三年刊を復刻
日置謙『石川県史』第三編（石川県図書館協会、昭和四十九年）石川県、昭和四年刊を復刻
石川県教育史編纂委員会『石川県教育史』第一巻（石川県教育委員会、昭和四十九年）
小学館『資料　御雇外国人』（ユネスコ東アジア文化研究センター編、昭和五十年）
日本近現代史辞典編集委員会編『日本近現代史辞典』（東洋経済新報社、昭和五十三年）
日本歴史学会編『明治維新人名辞典』（吉川弘文館、昭和五十六年）
日蘭学会編『洋学史事典』（雄松堂出版、昭和五十九年）
平松勘治『長崎留学者事典』（渓水社、平成十一年）
アーネスト・サトウ『一外交官の見た明治維新』上・下（坂田精一訳、岩波文庫、昭和三十五年）
石附実『近代日本の海外留学史』（ミネルヴァ書房、昭和四十七年）
渡辺実『近代日本海外留学生史』上（講談社、昭和五十二年）
拙書『加賀藩における幕末維新期の動向』（私家版、平成十四年）
拙書『前田慶寧と幕末維新』（北國新聞社、平成十九年）

拙書『海を渡ったサムライたち』(北國新聞社、平成二十三年)

一　軍艦発機丸の軌跡

金沢市立玉川図書館、加越能文庫「跡戻り記」(特十六・五二―四六)
金沢市立玉川図書館、加越能文庫「発機丸航海日記」(特十六・五二―四五)
金沢市立玉川図書館、加越能文庫「発機丸航海記」(特十六・五二―四七)
「先祖由諸并一類附帳」(加越能文庫、特十六・三一―六五、帙五九〇、安井和介)
金沢市立玉川図書館、加越能文庫「恭敏公勤王一件聞書」(特十六・十二―一二九)
梅桜会『加賀藩艦船小史』(梅桜、昭和八年)
松島秀太郎「梅鉢海軍の士官たち」(『石川郷土史学会々誌』二一号、昭和六十三年)
田畑勉「加賀藩の洋式軍艦〈発機丸〉についてーその購入と航海をめぐりー(『金沢星稜大学論集』第四十巻」、第三号、平成十九年)
金谷利勝「梅鉢海軍の創設から消滅まで(その一)」(『石川郷土史学会々誌』第四二号、平成二十一年)
金谷利勝「梅鉢海軍の創設から消滅まで(その二)」(『石川郷土史学会々誌』第四六号、平成二十五年)

二　(1) 佐野　鼎

『奉使米行航海日記』(金沢市立玉川図書館の近世史料館蔵、)
日置謙等校訂『万延元年訪米日記』(金沢文化協会、昭和二十一年)
赤塚行雄『君はトミー・ポルカを聴いたか』(風媒社、平成十一年)
松本英治『佐野鼎と共立学校―開成の黎明―』(学校法人開成学園、平成十三年)
三宅秀「旧金沢藩英学校の沿革」(『加越能時報』(明治四十年十二月刊、二〇五号)

水上一久「万延訪米の加賀藩士佐野鼎について」（『北陸史学』一号、昭和二十八年）
今井一良「金沢中学東校教師長野桂次郎伝—万延遣米使節トミー少年の生涯—」（『石川郷土史学会々誌』第十四号、昭和五十六年）
今井一良「佐野鼎の英学とTOMMY・立石斧次郎のこと」（『英学史研究』十五号、昭和五十七年）
松島秀太郎「加賀藩軍艦所の鉄鋼機械類について」（『石川郷土史学会々誌』第二十号、昭和六十二年）
松島秀太郎「佐野鼎と長崎海軍伝授所」（『石川郷土史学会々誌』第二十七号、平成六年）
松本英治「佐野鼎の〈学範〉と〈共立学校規則〉について」（開成学園紀要、『研究論集』二五号、平成十六年）
松本英治「加賀藩における洋式兵学者の招聘と佐野鼎の出仕」（『洋学史研究』二二号、平成十七年）
渡辺金雄「佐野鼎の〈訪米日記〉と兼六園一般開放について」（『石川郷土史学会々誌』第三八号、平成十七年）
松本英治「万延元年遣米使節における佐野鼎の帰山仙之助宛書簡」（開成学園紀要、『研究論集』二七号、平成十九年）
フラーシェム・N・良子「卯辰山養生所設立起源についての異論」（『石川郷土史学会々誌』第四一号、平成二十年）
フラーシェム・N・良子「新史料による陸蒸気器械をめぐる諸動向」（『石川郷土史学会々誌』第四三号、平成二十二年）
布施田　哲也「〈米国で初披露された将棋〉について」（遊戯史学会『遊戯史研究』第二三号所収、平成二十三年）

二（2）岡田雄次郎

仮題「仏蘭西遊国日記」（さいたま市、岡田家所像）
陸義猶撰『乾州岡田君行状』（金沢市立玉川図書館、加越能文庫、特一六・三四—一三九）

『公議所日誌』第十二巻（『日本文化全集』第四巻、憲政編所収）
松本三都正『清水誠先生伝』（清水誠先生顕彰会、昭和四十年）
ＮＨＫ特別取材班『ドキュメンタリー明治百年』（日本放送協会、昭和四十三年）
北國新聞社編集局『風雪の碑』（北國新聞社、昭和四十三年）
『清水誠顕彰記念誌』（清水誠先生顕彰会、昭和五十年）
関沢正夫・米田昭二郎『マッチと清水誠』（金沢大学薬学部、平成八年）
米田昭二郎『補遺　マッチと清水誠』（日本燐寸工業会、平成二十二年）
今井一良「加賀藩海外留学生新考」（『石川郷土史学会々誌』第二十号、昭和六十二年）
今井一良「加賀藩留学生追録」（『石川郷土史学会々誌』第二十二号、平成元年）
加賀乙彦「加賀の賢者、第一回　岡田棣」（『北國文華』十七号、平成十五年）
長谷川孝徳「近藤岩五郎信成」（『石川自治と教育』第五九一号、平成十七年）
米田昭二郎「日本マッチ工業の開拓者　清水誠―新史料にもとずく業績の再評価―」（『日本海域研究』
四二号、平成二十三年）

二　(3) 浅津富之助

「先祖由諸并一類附帳」（加越能文庫、特十六・三一―六五、帙十二、浅津渉）
「先祖由諸并一類附帳」（加越能文庫、特十六・三一―六五、帙六四六、吉井立吉）
『伍堂卓爾一世紀事』（　金沢市立玉川図書館、近世資料館蔵）
長岡博男「金沢医学館とスロイス教師の着任式」（「石川医報」第三三六号、昭和三十八年）
長岡博男「金沢医学書所と御前講義」（「石川医報」第三三七号、昭和三十八年）
津田進三「郷土の医学史あれこれ」（「石川医報」第三六二〜三八〇号、昭和三十九〜四十年）

加藤豊明「医学館物語」(「石川医報」第五五一～六四一号、昭和四十七年～五十年)
今井一良「加賀藩海外留学生新考」(『石川郷土史学会々誌』第二十号、昭和六十二年)
松島秀太郎「梅鉢海軍の士官たち」(『石川郷土史学会々誌』二一号、昭和六十三年)
今井一良「大聖寺で客死したお雇い外国人語学教師の名をめぐって」(『石川郷土史学会々誌』二二号、平成元年)
今井一良「浅津富之助と英国歩兵練法」(『石川郷土史学会々誌』二四号、平成三年)
今井一良「金沢最初のもう一つの異人館スロイス居館の変転と遺品の透彫り装飾」(『石川郷土史学会々誌』二九号、平成八年)
寺畑喜朔「伍堂卓爾の生涯とその系譜」(『石川郷土史学会々誌』第三三号、平成十二年)
長山直治「「先祖由緒一類附帳」に見る船足軽と軍艦付足軽」(『石川郷土史学会々誌』四五号、平成二十四年)
金谷利勝「梅鉢海軍の創設から消滅まで(その二)」(『石川郷土史学会々誌』四六号、平成二十五年)
金谷利勝「加賀藩医師・伍堂卓爾の長崎遊学について」(『石川郷土史学会々誌』第四一号、平成二十六年)

二 (4) 関沢孝三郎

「先祖由諸并一類附帳」(加越能文庫、特十六・三一―六五、帙二六、関沢孝三郎)
和田頴太『鮭と鯨と日本人』(成山堂書店、平成六年)
和田頴太『関沢明清―若き加賀藩士、夜明けの海へ』(北國新聞社、平成二十四年)
北國新聞社編集局『風雪の碑』(北國新聞社、昭和四十三年)
佐々木正勇「金沢藩兵庫製鉄所」(『日本大学史学科五十周年記念歴史学論文集』所収、昭和五十三年)
今井一良「加賀藩海外留学生新考」(『石川郷土史学会々誌』第二十号、昭和六十二年)
今井一良「九谷焼の名工・竹内吟秋と金台水産業の開拓者・関沢明清」(『石川郷土史学会々誌』第二十六号、

平成五年）
今井一良「関沢明清のこと再び」（『石川郷土史学会々誌』第二七号、平成六年）
フラーシェム・N・良子「新史料による陸蒸気器械をめぐる諸動向」（『石川郷土史学会々誌』第四三号、平成二十二年）

二（5）沢田直温

「先祖由諸并一類附帳」（加越能文庫、特十六・三一―六五、帙二一七、沢田春松）
『石川県能美郡誌』（臨川書店、昭和六十年）能美郡役所、大正十二年刊を復刻
鵜飼新一『朝野新聞の研究』（みすず書房、昭和六十年）
今井一良「小松の生んだ奇才・沢田直温のこと」（『石川郷土史学会々誌』第十七号、昭和五十九年）
森山誠一「沢田直温（覚之助、春松）について」（私的な研究レポートを御提供いただく）

二（6）田中信吾

『石川県医学沿革記』（金沢市立玉川図書館蔵、藤本文庫）
『金沢四名医傳』（金沢市立玉川図書館蔵、藤本文庫）
『金沢大学医学部百年史』（金沢大学医学部、昭和四十七年）
『石川県医師会二十年史』（社団法人石川県医師会、昭和四十八年）
梅渓昇『洪庵・適塾の研究』（思文閣出版、平成五年）
福沢諭吉『福翁自伝』（土橋俊一校訂・校駐、講談社、平成二十二年）
『金沢大学医学部創立百五十周年記念誌』（金沢大学十全同窓会、平成二十四年）
『石川県医師会創立百年史』（公益社団法人石川県医師会、平成二十五年）

今井一良「大聖寺で客死したお雇い外国人語学教師の名をめぐって」（『石川郷土史学会々誌』二二号、平成元年）
長岡博男「金沢医学館とスロイス教師の着任式」（「石川医報」第三三六号、昭和三十八年）
長岡博男「金沢医学書所と御前講義」（「石川医報」第三三七号、昭和三十八年）
津田進三「郷土の医学史あれこれ」（「石川医報」第三六二～三八〇号、昭和三十九～四十年）
加藤豊明「医学館物語」（「石川医報」第五五一～六四一号、昭和四十七年～五十年）

二

（7）嵯峨寿安

北國新聞社編集局『風雪の碑』（北國新聞社、昭和四十三年）
国木田独歩『欺かざるの記』前篇（左久良書房・隆文館、明治四十一年）
フラーシェム・N・良子「嵯峨寿安留学への推薦状と渡航許可まで」（『石川郷土史学会々誌』第十八号、昭和六十年）

あとがき

定年退職した平成十四年の春、私は、これまで発表してきた拙論をまとめ、『加賀藩における幕末維新期の動向』（私家版・橋本確文堂刊）を発刊した。私はその拙書の「あとがき」に、「人生八十年と言われている昨今、出来れば命のある間は趣味や特技の世界で何かを探求し、ボケないでいたいものであるが、私には披瀝《ひれき》出来るような趣味も特技もない」と記し、ボケ防止のために、これからも細々と気の向くままに、地域の歴史研究めいたことに携わっていきたいものであるとの思いを述べた。

今より幾分か元気のあったその頃に厚かましく設定した定年後二十年の余生は、とっくに半分を過ぎてしまったが、定年退職後の五年間、県立歴史博物館の館長を拝命し、学芸員をはじめとする優れた職員とロシアのイルクーツク州立博物館や韓国全州国立博物館などでの特別展開催などの刺激的な業務に携わる幸運にも恵まれ、それに加えて退職当初にボケ防止として選択した「地域の歴史研究めいたことに気の向くままに細々ながら携わる」ことが効を奏したものか、今のところ「あくまでも自分としては」であるが、それほどボケを感じていない。
この間、拙いながら『前田慶寧と幕末維新』（平成十九年十二月、北國新聞社刊）、『海を渡ったサムライたち』（平成二十三年四月、北國新聞社刊）の発刊のために多忙を楽しんだこと、四年がかりの『石川県医師会創立百年史』（平成二十五年三月刊）の部分執筆と監修、いくつかの拙論、歴史に関する人物紹介コラムの執筆と発表、県観光スペシャルガイドや金沢市の高砂大学や同大学院や北國新聞文化センターなどの講師としての講演活動などに声をかけていただいたのもありがたかった。

本書は、定年退職以前と主には退職後のこのような活動の過程で集積した拙い成果を、加賀藩が最初に軍艦として手に入れた汽走帆船発機丸を切り口に、これも拙い構成でまとめ、一冊としたものである。まとめるに当たり、本拙書で紹介した七人の人物については、既発表の以下の拙稿がもとになっているが、これらには執筆に際して、字数の制限などから、自分の思いを十分に伝えることが出来なかったことや私の浅学から明らかな間違いを犯した記述もあることから、それを補充・訂正させていただくことも本書に盛り込んだ。

各人物については、既発表の拙稿を若干補足したのみでほとんど同じもの、大幅に記述を詳細にしたもの、ほとんど原形をとどめないほどに改編したもの、と様々であるがいずれにしてもこれまでの通説の疑問点や、おぼろげだった各人物の事蹟についていくらかは明確に出来たと自負している。もとになった既発表の拙稿は以下のとおりである。

佐野　鼎

「地の夢・北陸黒衣列伝―佐野　鼎―」（「北国新聞」昭和五十四年一月）

「万延の遣米使節団の一員―佐野鼎―」（『加賀藩における幕末維新期の動向』平成十四年刊）

「石川の近世・近代を彩った偉人・俊傑・奇人　佐野鼎」（『石川自治と教育』六一五号、平成十九年十一月）

「万延の遣米使節に加わったサムライ　佐野鼎」（『海を渡ったサムライたち』平成二十三年刊）

岡田雄次郎

初出、但し、『海を渡ったサムライたち』に一部紹介。

浅津富之助

初出、但し、『海を渡ったサムライたち』に一部紹介。

関沢孝三郎

「近代漁業の創始者　関沢孝三郎」（『石川教育展望』六三三号、平成二十三年十一月）

「海外留学生としてロンドンに学んだサムライ　関沢孝三郎」（『海を渡ったサムライたち』平成二十三年刊）

沢田　直温

『海を渡ったサムライたち』に一部紹介。

「石川の近世・近代を彩った偉人・俊傑・奇人　沢田直温」（『石川自治と教育』六二一号、平成二十年六月）

田中　信吾

「石川の近世・近代を彩った偉人・俊傑・奇人　田中信吾」（『石川自治と教育』六八一号、平成二十六年六月）

嵯峨　寿安

「石川の近世・近代を彩った偉人・俊傑・奇人　嵯峨寿安」（『石川自治と教育』六六三号、平成二十四年八月）

「シベリアを横断し、ロシア留学したサムライ　嵯峨寿安」（『海を渡ったサムライたち』平成二十三年刊）

また、これら七人の紹介の中で触れた以下の三人については、次のような既発表の拙稿がもとになっている。三人の詳細については、それらの拙稿を参照いただきたく思う。

清水　誠

「清水誠　日本マッチ産業の父　フランス仕込みの起業家精神」（『北國文華』四八号、平成二十三年六月）

伍堂　卓爾

「南仏で西欧の息吹を満喫したサムライ　清水誠」（『海を渡ったサムライたち』平成二十三年刊）

「石川の近世・近代を彩った偉人・俊傑・奇人　伍堂卓爾」（『石川自治と教育』五七九号、平成十六年九月）
「ロンドンまでの旅日記を残したサムライ　伍堂卓爾」（『海を渡ったサムライたち』平成二十三年刊）

長野桂次郎

「石川の近世・近代を彩った偉人・俊傑・奇人　長野桂次郎」（『石川自治と教育』六八五号、平成二十六年十一月）

さて、物を書くことを生業《なりわい》としてきた、あるいはしている人ならば、おそらくは発機丸を主人公に、この拙書で取り上げた人物を縦横無尽にからませながらストーリーを展開し読みごたえのある一冊を完成させたに違いないと思われるが、私にはそのような能力がないので、素人らしいこのスタイルでまとめることにした。

とはいえ、幾度も推敲を重ねた末の最終稿に眼を通すと、発機丸を通じて固い絆で結ばれていたと思われる七人をもっと有機的に結びつけながら語れる史料や先学の研究成果を見落としているのではないかとの思いにも駆られる。そのような拙書の不備な点については、この地域の幕末維新期に興味をお持ちの若い方々に補足・修正いただけることを期待するとともに、拙書がそのような作業を厭わない方々の少しでもお役にたつことが出来るなら幸せである。

本書をまとめるに当たり、数多くの人にお世話になった。大部分は、先に公にした拙書『海を渡ったサムライたち』の「あとがき」と重複するので、ここでは失礼ながら掲載を割愛させていただくことにした。しかしながら、常日頃、何かと激励と御教示をいただいている恩師の清水隆久先生と高沢裕一先生にはあらためて心から感謝したい。なお、史料の閲覧やコピーでお世話になった県立図書館や金沢市立玉川図書館近世史料館、野々市市立図書館の職員の皆さんにも心から感謝申し上げたい。また、古文書の解読については、県立歴史博物館資料課長の浜岡伸也氏に、全般にわたっては、金沢星稜大学教授本康宏史氏、元県立図書館長村井加代子氏に、それぞれ随分多くの御教示をいただいた、厚く御礼申し上げたい。

私事で恐縮であるが、妻外美栄をはじめとする家族の協力にも感謝したい。先に公にした拙書『前田慶寧と幕末維新』の上梓と同時期に誕生した初孫寿宗と三年後に誕生した孫娘実夏との交流はボケを防ぎ、執筆を進める上での大いなる活力となった。

最後になりましたが、本拙書の構成や内容について様々な観点から専門家ならではの適切な御助言をいただいた出版局の藤岡裕久氏に心より感謝したい。

平成二十七年（二〇一五）五月

北陸新幹線金沢開業を喜びながら

著　者

著者　徳田寿秋（とくだ　としあき）

昭和16年（1941）石川県野々市市押野生まれ。同39年、金沢大学法文学部史学科卒。高等学校教諭、県教委事務局職員、金沢錦丘高校長、金沢泉丘高校長などを歴任。平成14年(2002)3月定年退職後、19年3月まで石川県立歴史博物館長。現在、石川県観光スペシャルガイド、野々市市教育委員、野々市市文化財保護審議会会長など。著書に『加賀藩における幕末維新期の動向』(平成14年刊)、『前田慶寧と幕末維新』(同19年刊、泉鏡花記念金沢市民文学賞)、『海を渡ったサムライたち』（同23年刊）がある。

軍艦発機丸と加賀藩の俊傑たち

発行日　2015（平成27）年5月25日　第1版第1刷
著者　徳田寿秋
発行　北國新聞社
〒920-8588
石川県金沢市南町2番1号
TEL 076-260-3587（出版局）
FAX 076-260-3426
電子メール syuppan@hokkoku.co.jp

ISBN978-4-8330-2029-9 C0021